근대계몽기 학술 잡지의 학문 분야별 자료
권9 부록

이 자료집은 한국학중앙연구원 '한국학 총서' 개발 사업 '근현대 학문 형성과 계몽운동의 가치'
(AKS-2014-KSS-1230003)의 지원으로 이루어졌음.

〈근현대 학문 형성과 계몽운동의 가치〉 연구진

허재영(연구 책임자, 단국대)
김경남(공동 연구원, 단국대)
김슬옹(공동 연구원, 인하대)
강미정(공동 연구원, 서울여대)
김정애(공동 연구원, 건국대)
서민정(공동 연구원, 부산대)
고경민(공동 연구원, 건국대)
김혜련(공동 연구원, 성신여대)
정대현(공동 연구원, 협성대)

근대계몽기 학술 잡지의 학문 분야별 자료
권9 부록

© 허재영, 2017

1판 1쇄 인쇄__2017년 06월 20일
1판 1쇄 발행__2017년 06월 30일

엮은이__허재영
펴낸이__양정섭

펴낸곳__도서출판 경진
　　　　등록__제2010-000004호
　　　　블로그__http://kyungjinmunhwa.tistory.com
　　　　이메일__mykorea01@naver.com

공급처__(주)글로벌콘텐츠출판그룹
　　　　대표__홍정표　편집디자인__김미미 노경민
　　　　주소__서울특별시 강동구 천중로 196 정일빌딩 401호
　　　　전화__02) 488-3280　팩스__02) 488-3281
　　　　홈페이지__http://www.gcbook.co.kr

값 16,000원
ISBN 978-89-5996-548-9 94000
ISBN 978-89-5996-539-7 94000(세트)

근대계몽기 학술 잡지의 학문 분야별 자료
권9 부록

허재영 엮음

경진출판

근대 학술 잡지의 학문 분야별 자료

1880년대 이후 한국의 학문은 급속도의 변화를 보인다. 황준헌의 『조선책략』, 정관응의 『이언』을 비롯하여 서양 학문과 접촉한 중국인들의 저서가 국내에 유입되고, 『한성순보』, 『한성주보』와 같은 신문 매체가 등장했으며, 각종 근대식 학교가 설립되기 시작했다.

이러한 흐름에서 1894년 갑오개혁과 1895년 근대식 학제의 도입, 재일 유학생의 출현, 독립협회 조직, 『독립신문』 발행 등 일련의 근대화 과정은 사상뿐만 아니라 각 분야별 학문 진보에도 큰 영향을 미친다. 특히 1896년 재일 관비 유학생 파견과 독립협회 조직에 따라 『대조선 재일유학생 친목회회보』와 『독립협회회보』가 발행된 것은 비록 잡지 형태이기는 하지만, 학술 담론에도 큰 변화를 가져왔다.

이로부터 일제에 의해 국권이 상실되기까지 이른바 '애국계몽시대'에 발행된 학술 잡지가 대략 40여 종에 이른다. 이는 이 시기 조직된 학술 단체의 활동과 밀접한 관련이 있는데, 『만세보』 1907년 3월 30일자 '논설'을 참고하면 이 시기 활동한 각종 학회와 단체가 대략 40개 이상에 이르는 것으로 보인다. 이들 단체의 명칭을 살펴보면 다음과 같다.

1907년 당시의 각종 단체

(…전략…) 近日 我國 民族의 智識이 漸次 開進ᄒᆞᄂᆞᆫ 現狀이 有ᄒᆞ야 各般 社會ᄅᆞᆯ 組織흠이 雨中竹筍과 如ᄒᆞ니 其名目을 略擧ᄒᆞ건ᄃᆡ

自彊會, 一進會, 國民敎育會, 東亞開進敎育會, 萬國基督靑年會, 懿法會, 西友學會, 漢北學會, 同志親睦會, 法案硏究會, 普仁學會, 大東學會, 天道敎會, 天主敎會, 基督敎會, 淨土敎會, 佛宗會, 神籬

教會, 眞理敎會, 神宮敬奉會, 婦人學會, 女子敎育會, 國債報償會(各種), 養正義塾討論會, 普專親睦 會, 實業硏究會, 殖産奬勵會, 商業會議所, 手形組合, 農工銀行, 漢城銀行, 天一銀行, 韓一銀行, 合 名彰信會社, 湖南鐵道會社, 東洋用達會社, 紳商會社, 少年韓半島社, 夜雷雜誌社, 朝陽雜誌社, 大 東俱樂部, 官人俱樂部 (…하략…)

—『만세보』, 1907.3.30

　한국 근현대 학문 형성과 계몽운동의 가치를 연구하는 과정에서 학술 잡지는 매우 귀중한 자료가 된다. 〈부록 1-1〉에 제시한 바와 같이, 이 시기 학술 잡지(또는 격주 신문 형태 포함)는 대략 55종 정도로 파악된다. 이 가운데 일부 자료는 원자료를 보기 어려운 경우도 있고, 일부 자료는 발굴되지 않은 경우도 있다. 근현대 학술 담론을 좀 더 철저히 규명하기 위해서는 이와 같은 자료를 좀 더 체계적으로 수집하고 분류할 필요가 있다. 구장률(2012)의 『근대 초기 잡지와 분과 학문의 형성』(케이포북스)과 같은 분류 시도가 없었던 것은 아니나, 분과 설정이나 자료에 대한 전수 조사가 이루어진 것은 아니기 때문에, 이 시기 학술 담론의 전모를 파악하는 데는 어려움이 따른다.

　이 자료집은 2014년 한국학중앙연구원 '근대 총서 개발' 사업 가운데 '근현대 학문 형성과 계몽운동의 가치'(AKS-2014-KSS-1230003)를 연구하는 과정에서 수집·분류한 자료를 모은 것이다.

　작업을 처음 시작할 때에는 온라인상 자료 공개가 활발하지 않았던 데 비해, 현재 일부 자료는 '한국사데이터베이스'(db.history.go.kr) 근현대 잡지 자료나 빅카인즈(www.bigkinds.or.kr), 네이버 뉴스라이브러리 등에서 자료를 확인할 수도 있다. 일부 자료는 국립중앙도서관의 디지털라이브러리에서도 전자문서 형태로 열람할 수 있다. 그렇지만 각각의 자료를 수집하고 분류하는 작업은 쉬운 일이 아니다.

처음에는 각 자료를 수집·분류하고 가급적 현대어로 번역하고자 하였으나, 분량이 방대하여 짧은 연구 기관에 번역 작업을 수행하기 어렵다는 판단 아래, 분류 작업만 진행하기로 의견을 모았다. 특히 총서 7권을 개발하는 과정에서 다수의 통계 자료가 산출되었는데, 이를 총서에 싣기 어려워 자료집의 부록 형태로 수록한다.

이 자료집이 나올 수 있도록 연구를 지원해 주신 한국학중앙연구원의 한국학진흥사업 관계자 여러분과 묵묵히 작업을 수행해 준 연구원, 그리고 수익 사업과는 전혀 무관한 자료집 출간을 결심해 주신 도서출판 경진 양정섭 대표님께 감사의 말씀을 드린다.

2017년 2월 13일
'근현대 학문 형성과 계몽운동의 가치' 연구책임자 허재영

이 자료집은 '근현대 학문 형성과 계몽운동의 가치'를 연구하는 과정에서 근대 학술지에 수록된 글을 학문 분야별로 분류하여 편집한 것이다. 1896년『대조선독립협회회보』와 재일유학생 친목회의『친목회회보』이후 1910년까지 발행된 근대 학술지(잡지 형태 포함)는 55종이 발견된다. 이 자료집에서는 현재까지 발굴된 학술지를 전수 조사하고, 그 가운데 필요한 자료를 모아 분야별로 분류하고자 하였다. 자료집의 편집 원칙은 다음과 같다.

1. 학문 분야별 분류 기준은『표준국어대사전』의 전문 용어 분류 원칙을 따르고자 하였으며, '격치(格致)', '이과(理科)', '지문(地文)', '학문 일반(學問一般)', '해외 번역 자료(海外飜譯資料)'는 근대계몽기의 학술상의 특징을 고려하여 별도로 분류하였다.
2. 분류 항목은 '가정, 격치, 경제, 광물, 교육, 농업, 동물, 문학, 물리, 법, 사회, 생물, 수산, 수학, 식물, 심리, 언어, 역사, 윤리, 이과, 정치, 종교, 지리, 지문, 천문, 철학, 학문 일반, 화학, 해외 번역 자료' 등 29개로 하였다.
3. 분류 항목의 배열은 가나다순으로 하였으며, 부록의 분류표를 포함하여 총 9권으로 발행한다.
4. 각 항목마다 수록한 글의 분류표(순번, 연도, 학회보명, 필자, 제목, 수록 권호, 분야, 세분야)를 실었다.
5. 한 편의 논문이 여러 차례 연재될 경우, 한 곳에 모아 편집하였다. 일부 논문은 학술지 발행이 중단되거나 필자의 사정으로 완결되지 못한 것들도 많다.
6. 현토체의 논문과 한문체의 논문 가운데 일부는 연구 차원에서 번역을 하였으나, 완결하지 못한 상태로 첨부한 것들도 있다.

7. 권9의 부록은 근대 학회보 목록(총 55종), 학문 담론 관련 분야별 기사 목록, 일제강점기
   발행된 잡지 목록, 근대 교과서 목록, 일제강점기 교과용 도서 목록, 일제강점기 신문의
   서적 광고 목록 등 연구 과정에서 산출한 목록을 별도로 구성하였다.

이와 함께 근현대 학문 형성과 계몽운동의 가치를 연구하는 과정에서 살펴본 지석영의 상소문, 논학정(論學政), 박영효의 '건백서', '동문학', '원산학사', '육영공원' 관련 한문 자료와 조사시찰단 보고서인 조준영의 『문부성소할목록』을 번역하여 별도의 책으로 구성하였다.

총 7권의 학술 교양서를 집필하고 10여 권의 자료집을 발행하기까지 어려움이 많았다. 특히 방대한 자료를 체계적으로 다루는 일은 결코 쉽지 않았는데, 자료 편집상의 오류, 번역상의 오류가 적지 않을 것으로 판단된다. 이러한 잘못은 모두 편자의 책임이다.

목차

부록

1. 근대 학회보

1) 근대 학회보 목록

순번	발행지	학회보 이름	창간호	종간호	발행 단체	단체 소재
1	국내	대조선독립협회회보 (大朝鮮獨立協會會報)	1896.11.30 (제1호)	1897.08.15 (제18호)	대정동출판사(大貞洞出版)	정동(貞洞)
2	국내	대한자강회월보 (大韓自强會月報)	1906.07.31 (제1호)	1907.07.25 (제13호)	제국신문사(帝國新聞社) 인쇄, 대한자강회사무소(大韓自强會事務所) 발행	한성 중서하한동 제국신문사 내
3	국내	소년한반도 (少年韓半島)	1906.11.01 (제1호)	1907.04.01 (제6호)	소년한반도사(少年韓半島社) 발행소는 김상만서포, 주한영서포, 대한매일신보사, 보문관등)	임시 사무소 돈화문 보광학교
4	국내	서우(西友)	1906.12.01 (제1호)	1908.01.01 (제14호) [개명] 서북학회월보 1908.05.01 (제17호)	서우학회(西友學會), 보성사인쇄	한성 남부
5	국내	야뢰(夜雷)	1907.02.05 (제1호)	1907.06.05 (제6호)	야뢰보사	경성
6	국내	한양보(漢陽報)	1907.09.01 (제1호)	1907.10.20 (제2호)	한양보사(일본인 중심)	
7	국내	대동학회월보 (大東學會月報)	1908.02.25 (제1호)	1909.09.25 (제20호)	경성일보사	한성 남서
8	국내	대한협회회보 (大韓協會會報)	1908.04.25 (제1호)	1909.03.25 (제12호)	홍필주(대한자강회 후신)	일한인쇄주식회사
9	국내	호남학보(湖南學報)	1908.06.25 (제1호)	1909.03.25 (제9호)	신문관 인쇄국	한성 남부
10	국내	기호흥학회월보 (畿湖興學會月報)	1908.08.25 (제1호)	1909.07.25 (제12호)	우문관	황성 중부 교동
11	국내	소년(少年)	1908.11.01 (제1호)	1911.05.15 (제4권 제2호)	신문관	한성 남부
12	국내	교남교육회잡지 (嶠南敎育會雜誌)	1909.04.25 (제1호)	1910.05.25 (제12호)	우문관 인쇄	황성 중부

순번	발행지	학회보 이름	창간호	종간호	발행 단체	단체 소재
13	국내	보중친목회회보 (普中親睦會會報)	1910.06.10 (제1호)	1910.12.31 (제2호)	보중친목회 발행, 보성사(普成社) 인쇄	한성 북부 전동
14	국내	독습일어잡지(獨習日語 雜誌)	1905.04.25 (제1호)	1905.12.05 (제8호)	한국경성학당 내 일어잡지사(韓國 京城學堂內日語雜誌社), 동경인 쇄주식회사 요코하마 분사(東京印 刷株式會社橫濱分社)	일본 요코하마
15	국내	가정잡지(家庭雜誌)	1906.06.26 (제1호)	7호 발행/ 속간호 (미상)	가정잡지사(家庭雜誌社)	경성 남대문
16	국내	대동보(大同報)	1907.05.01 (제1호)	1908.01.25 (제6호)	대동보사	구장률(2012) 참고
17	국내	교육월보(教育月報)	1908.06.25 (제1호)	1908.12.25 (제7호)	한성교육월보사	이길상·정순우 (1991) 참고
18	국내	자선부인회잡지 (慈善婦人會雜誌)	1908.08.05 (제1호)	미상	자선부인회	구장률 (2012 참고)
19	국내	장학월보(獎學月報)	1908.01.20 (제1호)	1908.05.20 (제5호)	장학월보사	경성
20	국내	공업계(工業界)	1908.01.28 (제1호)	1908.04.28 (제3호)	공업월보사(박찬익, 최경집)	중부 교동
21	국내	대한구락(大韓俱樂)	1907.04.20 (제1호)	1907.07.20 (제2호)	대한구락부임시사무소, 탑인사 인쇄	한성 남서 장교
22	국내	법정학계(法政學界)	1907.5.5	미상	보성전문	보성전문
23	유학생	친목회회보 (親睦會會報)	1896.02.15 (제1호)	1898.04.15 (제18호)	대조선재일유학생친목회	일본 동경
24	유학생	태극학보(太極學報)	1906.11.24 (제1호)	1908.11.24 (제26호)	편집 겸 발행: 장응진, 교문관 인쇄	일본 동경
25	유학생	공수학보(共修學報)	1907.01.30 (제1호)	1908.03.20 (제5호)	현집 인강전(姜荃), 발행인 조용은 (趙鏞殷), 인쇄인 윤태진(尹台鎭), 명문사(明文舍)	일본 동경
26	유학생	대한유학생회학보 (大韓留學生會學報)	1907.03.03 (제1호)	1907.05.20 (제3호)	대한유학생회(大韓留學生會), 편 집인 최남선(崔南善), 발행인 유승 흠(柳承欽), 인쇄인 문내욱	일본 동경

순번	발행지	학회보 이름	창간호	종간호	발행 단체	단체 소재
27	유학생	동인학보(同寅學報)	1907.07.01 (창간호)	미상	편집겸 발행인 구자학(具滋鶴), 인쇄인 김진용(金晉庸), 동인학회(同寅學會)	일본 동경
28	유학생	낙동친목회학보 (洛東親睦會學報)	1907.10.30 (제1호)	1908.01.30 (제4호)	편집겸 발행인 김영기(金永基), 인쇄인 김용근(金容根), 발행소 명문사(明文舍)	일본 동경
29	유학생	대한학회월보 (大韓學會月報)	1908.02.25 (제1호)	1908.11.25 (제9호)	편집인 유승흠(柳承欽), 발행인 강전(姜荃), 인쇄인 고원훈(高元勳)	일본 동경
30	유학생	대한흥학보 (大韓興學報)	1909.03.20 (제1호)	110.05.20 (제13호)	편집인 이승근(李承瑾), 발행인 고원훈(高元勳), 인쇄인 강매(姜邁), 대한흥학회인쇄소	일본 동경
31	유학생	자신보(自新報)	1907.10.20 (제1호)	미상	편집인 박일삼, 발행인 손창희	호놀룰루
32	기타	조선그리스도인회보	1896.12	1897.8	아펜셀러	경성
33	기타	한성월보	1898.7	1900.1	지촌작태랑	경성
34	기타	신학월보	1900.7	1907.4	조원시	제물포
35	기타	동양교보	1902.4	미상	학곡성륭	미상
36	기타	한인시보	1905.6	1906.7	우병길, 김종한	호놀룰루
37	기타	동아개진교육회보	1905	미상	미상	미상
38	기타	성경강론월보	1906.1	미상	정동교회	경성
39	기타	식산장려회회지	1906.12	미상	김명제	경성
40	기타	보감	1906	1910	명동천주교 교회 내 카토릭출판사 (경향신문)	경성
41	기타	친목	1907.3	미상	주정균	보성전문
42	기타	대동공보	1907.10	1909.1	장경, 문양득(대동보국회)	미상
43	기타	권흥협회회보	1908.5	미상	미상	미상
44	기타	여자지남	1908.5	미상	리석영, 강윤희(여자보학원)	경성

순번	발행지	학회보 이름	창간호	종간호	발행 단체	단체 소재
45	기타	대도	1908.9	미상	리더, 양주삼(미국 상항 한인감리교회)	미국 (샌프란시스코)
46	기타	교우회보	1908.9	미상	농촌학교	수원
47	기타	상학계	1908.10	미상	대한흥학회	일본 동경
48	기타	교회월보	1908	미상	영국성공회	미상
49	기타	법학협회잡지	1908	미상	장훈	미상
50	기타	조선성공회회보	1908		영국성공회	경성
51	기타	신한국보	1904.4	미상	박용만, 홍종표	미국 하와이
52	기타	경성 고아원 주보	1909.7	미상	이우선(경성고아원)	경성
53	기타	금일세계	1909.8	1910.2	방화중(로스앤젤레스)	미국 로스앤젤레스
54	기타	상공월보	1909.12	미상	김진옥, 윤정하(경성상공회의소)	경성
55	기타	천도교회월보	1910.8	1921	차상학	경성

2) 근대 학회보 학문담론 관련 분야별 기사 목록

순번	발행지	연대	학회보명	필자	제목	수록 호수	분야	세분	기타
1	국내	1896	대조선독립협회회보	지석영	국문론	제1호	언어	국문론	
2	국내	1896	대조선독립협회회보	피제손 (서재필)	공기	제1, 2호	지문	지구과학	
3	국내	1896	대조선독립협회회보	편집국	법률적요	제2호	법	법학	
4	국내	1896	대조선독립협회회보	편집국	인간 인의 삼종이라	제2호	지문	인종론	
5	국내	1896	대조선독립협회회보	부란아	독 격치휘편	제3호	번역	격치휘편	
6	국내	1896	대조선독립협회회보	마고온	유익지수이지천재	제3호	번역	격치휘편	

순번	발행지	연대	학회보명	필자	제목	수록 호수	분야	세분	기타
7	국내	1896	대조선독립협회회보	편집국	구라파론이라	제3호	지리		
8	국내	1896	대조선독립협회회보	부란아	논무운로	제4호	번역	격치휘편	
9	국내	1896	대조선독립협회회보	부란아	수론, 논무운로	제4호	번역	격치휘편	
10	국내	1896	대조선독립협회회보	안명선	북미 합중국의 독립사를 열하다가 아 대조선 독립을 논함이라	제4호	역사	미국사	
11	국내	1896	대조선독립협회회보	남하학농재	농업문답	제5호	농업		
12	국내	1896	대조선독립협회회보	부란아	빙설 급 동빙 리의 론	제6호	번역	격치휘편	
13	국내	1896	대조선독립협회회보	동해목자	양계설	제6호	농업	축산학	
14	국내	1896	대조선독립협회회보	지석영	양잠문답	제6호	농업	양잠학	
15	국내	1896	대조선독립협회회보	피제손 (서재필)	동양론	제6호	지리		
16	국내	1896	대조선독립협회회보	부란아	동방각국이 서국 공예를 모방하는 총설이라	제7호	번역	격치휘편	
17	국내	1896	대조선독립협회회보	안창선	교육의 급무	제7호	교육		
18	국내	1896	대조선독립협회회보	남순희	지리 인사지 대관	제7호	지문		
19	국내	1896	대조선독립협회회보	부란아	인분오류설	제8호	번역	격치휘편	
20	국내	1896	대조선독립협회회보	부란아	기관사 와특전	제8, 9호 (2회)	번역	격치휘편	
21	국내	1896	대조선독립협회회보	부란아	논 전 여 뢰	제9호	번역	격치휘편	
22	국내	1896	대조선독립협회회보	부란아	지구인 수 점다 응설법 이첨식량론	제9호	번역	격치휘편	
23	국내	1896	대조선독립협회회보	부란아	방직기계설	제10호	번역	격치휘편	
24	국내	1896	대조선독립협회회보	부란아	광학론	제10호	번역	격치휘편	
25	국내	1896	대조선독립협회회보	관해당주인 (양수경)	사감물경우목설 전기학 공효 걸 부 우피연숙법 타미기구도설	제11호	번역	관해당주인	

순번	발행지	연대	학회보명	필자	제목	수록 호수	분야	세분	기타
26	국내	1896	대조선독립협회회보	부란아	광학론	제11호	번역	격치휘편	
27	국내	1896	대조선독립협회회보	편집국	국가와 국민의 흥망	제11호	정치	국가론	
28	국내	1896	대조선독립협회회보	부란아	대포 여 철갑론	제12호	번역	격치휘편	
29	국내	1896	대조선독립협회회보	부란아	은광론, 동광론	제12호	번역	격치휘편	
30	국내	1896	대조선독립협회회보	부란아	생기설	제12호	번역	격치휘편	
31	국내	1896	대조선독립협회회보	부란아	논 인론 화학편	제12호	번역	격치휘편	
32	국내	1896	대조선독립협회회보	미상	독립론	제13호	정치	국가론	
33	국내	1896	대조선독립협회회보	부란아	동광론	제13호	번역	격치휘편	
34	국내	1896	대조선독립협회회보	편집국	신흥학설	제14호	번역	시사신보	
35	국내	1896	대조선독립협회회보	편집국	논민	제14호	번역	시사신보	
36	국내	1896	대조선독립협회회보	부란아	철광론	제14호	번역	격치휘편	
37	국내	1896	대조선독립협회회보	부란아	서국부호이민설, 서법유익어민론, 덕국잡사기략, 법국쇄기 등	제15호	번역	격치휘편	
38	국내	1896	대조선독립협회회보	부란아	논광론	제15호	번역	격치휘편	
39	국내	1896	대조선독립협회회보	신해영	한문자와 국문자의 손익 여하 (친목회회보 2호와 동일)	제15호	언어	국문론	
40	국내	1896	대조선독립협회회보	편집국	국시유지론	제16호	정치	국가론	
41	국내	1896	대조선독립협회회보	편집국	지리초광	제17호	지리		
42	국내	1906	대한자강회월보	정운복	가정교육	제1호, 제2호	가정	가정교육	
43	국내	1906	대한자강회월보	이기	본국방언	제1호~제10호 (10회)	언어	국문론	
44	국내	1906	대한자강회월보	이종일	동서문답	제1호, 제2호, 제3호	지리	지리	

순번	발행지	연대	학회보명	필자	제목	수록 호수	분야	세분	기타
45	국내	1906	대한자강회월보	음빙실·장지연	교육정책사의	제3호, 제4호	번역	음빙실	
46	국내	1906	대한자강회월보	장지연	지리	제3호~제6호(4회)	지리	지리	
47	국내	1906	대한자강회월보	해외유객	국가의 본의	제3호	정치	국가학	
48	국내	1906	대한자강회월보	윤효정	지방자치제도론	제4호	정치	자치제도	
49	국내	1906	대한자강회월보	대원장부	일본의 자치제도	제4, 5, 6, 8, 10, 11, 12호(7회)	정치	자치제도	
50	국내	1906	대한자강회월보	설태희	인족 역사의 연원 관념	제4호~7호(4회)	학문	연구방법	
51	국내	1906	대한자강회월보	이종준	방언속소	제5호, 제6호(2회)	언어	국문론	
52	국내	1906	대한자강회월보	유근	교육학원리	제6~13호(8회)	교육	교육학일반	
53	국내	1906	대한자강회월보	김성희	식산부	제6~10호(5회)	농업	농학	
54	국내	1906	대한자강회월보	설태희	법률상의 권위	제8~12호(4회)	법	법학일반	
55	국내	1906	대한자강회월보	김성희	교사의 개념	제8, 9호(2회)	교육	교사론	
56	국내	1906	대한자강회월보	설태희	경제학 총론 적요	제8, 9, 11, 12호(4회)	경제	경제학일반	
57	국내	1906	대한자강회월보	홍필주	신학육예설	제10호	학문	신구학	
58	국내	1906	대한자강회월보	김성희	교육의 종지와 정치의 관계	제11, 12, 13호	교육	교육사	
59	국내	1906	대한자강회월보	지석영	대한국문설	제11, 13호(2회)	언어	국문론	
60	국내	1906	대한자강회월보	김성희	정부의 직분	제11호	정치	국가학	

순번	발행지	연대	학회보명	필자	제목	수록 호수	분야	세분	기타
61	국내	1906	대한자강회월보	김성희	국가 의의	제11호, 제13호(2회)	정치	국가학	
62	국내	1906	대한자강회월보	유병필	행정의 위생	제11호, 제12호(2회)	생리위생	위생학	
63	국내	1906	대한자강회월보	심의성	역사 급 지리의 개론	제11호	지리	역사지리	
64	국내	1906	대한자강회월보	유근	산경문헌비고	제11, 12, 13호(3회)	지리	지리	
65	국내	1906	대한자강회월보	여병헌	본국 지질을 유한 물산론	제12호	지문	지질학	
66	국내	1906	대한자강회월보	심의성	정치학의 국가주의	제12, 13호(2회)	정치	국가학	
67	국내	1906	대한자강회월보	석진형	평시 국제공법론	제12, 13호(2회)	법	국제법	
68	국내	1906	대한자강회월보	심의성	논 사범양성	제13호	교육	사범교육	
69	국내	1906	대한자강회월보	이종준	명농신설	제13호	농업		
70	국내	1906	조양보	편집국	자조론	제1, 2, 3호(3회)	번역	스마일스	
71	국내	1906	조양보	편집국	사회와 국가의 직접 관계론	제1호	사회	사회론	
72	국내	1906	조양보	편집국	반도야화	제1, 3, 4호	교육	유학담론	오여륜
73	국내	1906	조양보	편집국	부인의독	제1호	번역	시모다우타코	가정학
74	국내	1906	조양보	편집국	개화원의	제2호	교육	문명개화	
75	국내	1906	조양보	편집국	교육의 필요	제1, 2호	교육		
76	국내	1906	조양보	편집국	실업	제2호	경제	실업	
77	국내	1906	조양보	편집국	식림담	제2호	번역	본다청육	산림
78	국내	1906	조양보	편집국	논 애국심	제3~7호(5회)	번역	신덕추수	정치학

순번	발행지	연대	학회보명	필자	제목	수록 호수	분야	세분	기타
79	국내	1906	조양보	편집국	아한의 교육 내력	제3, 4호 (2회)	교육	교육사	
80	국내	1906	조양보	편집국	태서교육사	제5~11호 (7회)	교육	교육사	
81	국내	1906	조양보	편집국	인인이 당주의어 권리사상	제6, 7호	정치	권리론	
82	국내	1906	조양보	편집국	상공업총론	제6~10호	경제	상공업	
83	국내	1906	조양보	편집국	동물담	제8호	번역	양계초	동물담
84	국내	1906	조양보	편집국	교육학 문답	제7호	교육	교육학	
85	국내	1906	조양보	편집국	멸국신법론	제8, 9호	번역	양계초	
86	국내	1906	조양보	편집국	논 군국주의론	제8, 9, 11호(3회)	정치	군국주의	양계초 가능성
87	국내	1906	조양보	편집국	보호국론	제9, 10, 11호	번역	유하장웅	정치학
88	국내	1906	조양보	편집국	정치원론	제9,11호 (2회)	번역	시도겸길	정치학
89	국내	1906	조양보	편집국	곽포사의 정치학설	제10,11호	번역	홉스	정치학
90	국내	1906	조양보	편집국	갈소사 흉가리 애국자 (음빙실주인)	제9호	번역	양계초	
91	국내	1906	소년한반도	양재건	論自修/自修論	제1~6호	윤리		
92	국내	1906	소년한반도	유승겸	經濟學 問答	제1~6호	경제		
93	국내	1906	소년한반도	김경식	衛生說	제1~6호	생리위생	위생	
94	국내	1906	소년한반도	원영의	地理問答	제1~6호	지리	지리	
95	국내	1906	소년한반도	원영의	心理問答	제1~6호	심리		
96	국내	1906	소년한반도	유제달	動物學問答	제1~6호	동물		
97	국내	1906	소년한반도	최재익	植物學問答	제1~6호	식물		

순번	발행지	연대	학회보명	필자	제목	수록 호수	분야	세분	기타
98	국내	1906	소년한반도	최재익	鑛物學問答	제1~6호	광물		
99	국내	1906	소년한반도	이인직	社會/社會學	제1~5호	사회	사회학	
100	국내	1906	소년한반도	서병길	交際上禮敬 (1)-現今文明各國通禮/交際新禮	제1~6호	윤리		
101	국내	1906	소년한반도	원영의	敎育新論	제1~6호	교육	교육학	
102	국내	1906	소년한반도	양재건	敎子弟新學	제1~6호	교육	교육학	
103	국내	1906	소년한반도	지석영	國文原流	제1호	언어	국문	
104	국내	1906	소년한반도	정교	國際法/國際公法	제1~4호	법	국제법	
105	국내	1906	소년한반도	미상	아모권면	제1~6호	교육	가정교육	
106	국내	1906	소년한반도	박정동	物理學論	제1~6호	물리		
107	국내	1906	소년한반도	삼범재 상호	生理學上 談論	제4~5호	생리위생	생리학	
108	국내	1906	소년한반도	박정동	地文論	제1~6호	지문	지문학	
109	국내	1906	소년한반도	이각종	國家學	제2~6호	정치	국가학	
110	국내	1906	소년한반도	유길준	대한문전	제2~6호	언어	국문	
111	국내	1906	소년한반도	상호	법학	제3~4, 6호	법	법학	
112	국내	1906	소년한반도	이범익	상업학	제3~6호	경제	상업학	
113	국내	1906	소년한반도	조중응	農業의 大意	제1~5호	농업	농학	
114	국내	1906	소년한반도	유석태	數學	제1~6호	수학		
115	국내	1906	서우	유동작	교육부	제1호	교육	교육학	
116	국내	1906	서우	박은식	나태는 빈궁의 모라, 미국 교육 진보의 역사	제1호	교육	교육사	

순번	발행지	연대	학회보명	필자	제목	수록 호수	분야	세분	기타
117	국내	1906	서우	박은식	학교지제 세계진화론 중 초역	제1, 2, 3, 4, 5호	교육	교육사	음빙실 여부 확인 필요
118	국내	1906	서우	김봉관	위생부	제1~5호	생리위생	위생학	
119	국내	1906	서우	유동작	학교위생의 필요	제1호	생리위생	위생학	
120	국내	1906	서우	이유정	논산학	제1~6호 (6회)	수학	산학	
121	국내	1906	서우	주시경	국어와 국문의 필요	제2호	언어	국문론	
122	국내	1906	서우	박은식	광신학 이보구학설	제3호	번역	이가베 (길버트 리드)	신구학
123	국내	1906	서우	김명준	가정학 역술	제3~10호	교육	가정교육	
124	국내	1906	서우	김달하	설지빙천	제3호	지문	지구환경	
125	국내	1906	서우	유동작	자녀 교양에 취하야	제4호	번역	오카다 아시타로	가정 교육
126	국내	1906	서우	박성흠	아한의 광산 개요	제4, 5호 (2회)	광업		
127	국내	1906	서우	유동작	정당한 교육법 (롯드박사의 강연)	제5호	교육	교수법	
128	국내	1906	서우	한광호	통치의 목적물	제5호	정치	국가학	
129	국내	1906	서우	박은식	논유학	제6~10호	번역	음빙실	아동 교육
130	국내	1906	서우	이규영	위생의 요론	제6호	생리위생	위생학	
131	국내	1906	서우	노백린	애국정신 담(법국 애이납아= 에밀)	제7~10호	번역	에이납아 (에밀)	애국 정신
132	국내	1906	서우	한광호	영사의 재판권	제7호	법	국제	
133	국내	1906	서우	정태윤	엽과 일광의 관계	제7호	식물		

순번	발행지	연대	학회보명	필자	제목	수록 호수	분야	세분	기타
134	국내	1906	서우	박성흠	민법 강의의 개요	제7, 8, 9, 13호(4회)	법	민법	
135	국내	1906	서우	유한성	질병 예방의 주의	제8호	생리위생	위생학	
136	국내	1906	서우	차종호	법률상 자치의 개념	제9호	정치	국가행정	자치 제도
137	국내	1906	서우	채수현	국법상 국무대신의 지위	제9호	정치	국가행정	
138	국내	1906	서우	최응두	경찰 시찰담	제9호	정치	경찰학	
139	국내	1906	서우	한광호	외국인의 공권 급 공법상 의무	제10호	법	국제법	일본법 기준
140	국내	1906	서우	전병현	부유취신	제10호	학문	신구학	
141	국내	1906	서우	편집부	아동의 위생	제11, 12, 13호(3회)	번역	마츠오기요코	생리 위생
142	국내	1906	서우	편집부	한국의 염업 일반	제11호	수산	염업	
143	국내	1906	서우	편집부	자치론	제12, 13, 14호(3회)	번역	스마일스 자조론	자조론
144	국내	1906	서우	편집부	양돈 실험설	제13호	농업	축산	
145	국내	1906	서우	편집부	한자통일회 개설에 관한 의견	제13, 14호	언어	한자	
146	국내	1906	서우	전재억	양리법	제15, 17호	수산	양어	
147	국내	1906	서우	편집부	법학의 범위	제15호	법	법학일반	
148	국내	1906	서우	일성자	아한 교육 역사	제16호	교육	교육사	한국교 육사
149	국내	1906	서우	강윤희	위생요의	제16, 17호	생리위생	위생학	
150	국내	1906	서우	편집부	국가의 개념	제16, 17호	정치	국가학	
151	국내	1906	서우	김하염	화폐의 개론	제16호	경제	화폐론	

순번	발행지	연대	학회보명	필자	제목	수록 호수	분야	세분	기타
152	국내	1906	서우	편집부	형법과 형사소성법의 관계 여하	제16호	법	형법	
153	국내	1906	서우	한광호	이혼법 제정의 필요	제17호	법	신분법	
154	국내	1907	야뢰	박태서	국어유지론	제1호	언어	국어	
155	국내	1907	야뢰	이필선	이화학의 주지	제1, 2, 3호 (3회)	이학	물리학+화학	
156	국내	1907	야뢰	신해용	생리학	제1~6호 (6회)	생리위생	생리학	
157	국내	1907	야뢰	윤태영	육식식물	제1호	식물		
158	국내	1907	야뢰	현채	역사지리=역사	제1~5호 (5회)	역사	한국역사	
159	국내	1907	야뢰	현채	역사지리=지리	제1, 2, 3, 4, 5, 6호 (6회)	지리	한국지리	
160	국내	1907	야뢰	안국선	응용경제	제1, 3, 5, 6호(국채와 경제 등)	경제	경제현상	
161	국내	1907	야뢰	신해용	합금 제조법	제1, 2, 3, 5, 6호 (5회)	화학		
162	국내	1907	야뢰	김동완	농학총담	제1, 2, 3, 4, 5, 6호 (6회)	농업	농학	
163	국내	1907	야뢰	김성희	민족국가설	제2호	정치	국가학	논설
164	국내	1907	야뢰	유완종	광학개요	제2, 3, 4호 (3회)	광업	광업학	
165	국내	1907	야뢰	윤태영	과실 종자의 산포	제2호	농업	과수원	
166	국내	1907	야뢰	권보상	농업개요	제3호	농업	농학	용어 해설
167	국내	1907	야뢰	김성희	지방자치제도 속론	제4, 5, 6호 (3회)	정치	자치제도	

순번	발행지	연대	학회보명	필자	제목	수록 호수	분야	세분	기타
168	국내	1907	야뢰	윤태영	진화론 대의	제5, 6호	생물	진화론	
169	국내	1907	야뢰	신해용	동물학	제6호	동물		
170	국내	1907	한양보	편집부	육극의 자유담	제1, 2호	번역	자유론	
171	국내	1908	대동학회월보	장박	세계학문합론	제1호	학문		
172	국내	1908	대동학회월보	장박	가신가구설	제1호	학문	신구학	
173	국내	1908	대동학회월보	이종하	신구학문이 동호아 이호아	제1호, 제2호	학문	신구학	
174	국내	1908	대동학회월보	한치유	학문체용	제1호	학문		
175	국내	1908	대동학회월보	김사설	학문체용	제1호	학문		
176	국내	1908	대동학회월보	권보상	법률학	제1, 2, 3, 5호(4회)	법	연구방법	용어 해설
177	국내	1908	대동학회월보	두천생	법률 발생의 원인	제1호	법		
178	국내	1908	대동학회월보	여규형	논 한문국문	제1호	언어	국문론	한문론
179	국내	1908	대동학회월보	우산거사	논설	제2, 3, 4, 5, 7호 (5회)	학문	신구학	
180	국내	1908	대동학회월보	장학사29호	신학과 구학의 관계	제2호	학문	신구학	
181	국내	1908	대동학회월보	편집부	국가의 성질	제2호	정치	국가학	
182	국내	1908	대동학회월보	편집부	국가 형벌권의 근거	제2호	정치	국가학	
183	국내	1908	대동학회월보	편집부	은행의 효용	제2호	경제		
184	국내	1908	대동학회월보	김상연	인류의 정치적 생활을 요하는 원인	제2호	정치	정치학	
185	국내	1908	대동학회월보	홍인표	화학	제2, 3, 4호	화학		
186	국내	1908	대동학회월보	정진홍	농업의 개량	제2호	농업		

순번	발행지	연대	학회보명	필자	제목	수록 호수	분야	세분	기타
187	국내	1908	대동학회월보	원영의	종교지구별	제3호	종교	종교학	
188	국내	1908	대동학회월보	법률독서인	형벌에 관한 법정주의	제3, 4, 6, 11, 12호 (5회)	법	법학	
189	국내	1908	대동학회월보	법률독서인	통치권의 성질 외	제7, 8, 9. 10, 14, 15, 16호 (7회)	정치	정치현상	
190	국내	1908	대동학회월보	법률독서인	경제학 공부의 필요성	제5, 6, 7, 13호(4회)	경제	경제학	
191	국내	1908	대동학회월보	유승겸	경제서를 독하다가 유자의 현상을 탄함	제3호	경제		
192	국내	1908	대동학회월보	김대희	국력	제3호	정치	국가론	
193	국내	1908	대동학회월보	정교	한문과 국문의 관계	제4호	언어	국문론	한문론
194	국내	1908	대동학회월보	신기선	무학신구	제5, 6호 (2회)	학문	신구학	
195	국내	1908	대동학회월보	이종하	공법사법의 구별	제5호	법	법학	
196	국내	1908	대동학회월보	백운초자	식물학	제5호	식물		
197	국내	1908	대동학회월보	원영의	논 정학 급 신지	제6호	학문	신구학	
198	국내	1908	대동학회월보	백운초자	위생학	제6호	생리위생	위생학	
199	국내	1908	대동학회월보	김윤식	신학육예설	제6호	학문	신구학	
200	국내	1908	대동학회월보	송은도인	기형신설	제7~12호 (6회)	천문		
201	국내	1908	대동학회월보	우산거사	물명고	제8~16호 (10회)	언어	국어	어휘
202	국내	1908	대동학회월보	양생자	생리학	제7호	생리위생	생리학	
203	국내	1908	대동학회월보	이유응	물리학	제7, 10, 14호(3회)	물리		

순번	발행지	연대	학회보명	필자	제목	수록 호수	분야	세분	기타
204	국내	1908	대동학회월보	한천자	치외법권	제7호	법	국제법	
205	국내	1908	대동학회월보	완물산인	화학	제8호	화학		
206	국내	1908	대동학회월보	원유객	지리학	제8, 12호 (2회)	지리		
207	국내	1908	대동학회월보	백양거사	생리학	제9, 15, 20호(3회)	생리위생	생리학	
208	국내	1908	대동학회월보	백양거사	식물학	제11, 16, 18, 19호 (4회)	식물		
209	국내	1908	대동학회월보	양생자	생리학(생활의 주거)	제13호	생리위생	생리학	
210	국내	1908	대동학회월보	김문연	소설과 희대의 관계	제14호	문학	소설론	
211	국내	1908	대동학회월보	우산거사	사설	제15호	언어	국문론	
212	국내	1908	대동학회월보	여규형	고등학교 한문독본 서	제16호	언어	국문론	한문론
213	국내	1908	대동학회월보	이종하	법률학에 관한 개견	제18, 19, 20호(3회)	법	법학	
214	국내	1908	대동학회월보	이유응	화학	제18, 19호	화학		
215	국내	1908	대동학회월보	김문연	종교와 한문	제19호	종교	국문론	한문론
216	국내	1908	대동학회월보	김문연	가정교육의 필요	제20호	교육	가정교육	
217	국내	1908	대동학회월보	성락현	욕학신학 선학구학	제20호	학문	신구학	
218	국내	1908	대한협회회보	김명준	식산론	제1호	농업	산림학	
219	국내	1908	대한협회회보	김성희	정당의 사업은 국민의 책임	제1, 2, 3, 4, 6, 9, 12호(7회)	정치	정당론	
220	국내	1908	대한협회회보	편집자	사빈색 논 일본헌법 어	제1호	번역	양계초	스펜서
221	국내	1908	대한협회회보	조완구·이종린	민법총론	제1, 2, 9, 10, 11, 12호(6회)	법	민법	

순번	발행지	연대	학회보명	필자	제목	수록 호수	분야	세분	기타
222	국내	1908	대한협회회보	현은	지지	제1호~12호(12회)	지리	대한지지	
223	국내	1908	대한협회회보	현은	역사	제1~12호(12회)	역사	대한역사	
224	국내	1908	대한협회회보	양계초	동물담	제1호	번역	양계초	동물학
225	국내	1908	대한협회회보	여병현	의무교육의 필요	제2호	교육	의무교육론	
226	국내	1908	대한협회회보	이종일	논 국문	제2호	언어	국문론	
227	국내	1908	대한협회회보	이종일	수출입의 관계	제2호	경제	무역	
228	국내	1908	대한협회회보	이종준 역	생리분리의 별론	제2,7,10호(3회)	번역	이제마태(리처드)	경제학
229	국내	1908	대한협회회보	홍필주	빙집절략	제2, 3, 4, 5, 6, 8, 9, 10, 11, 12호(10회)	번역	양계초	
230	국내	1908	대한협회회보	석진형	법률의 필요	제2호	법	법학	
231	국내	1908	대한협회회보	금릉거사	관리의 민사책임	제2,3호	법	행정	
232	국내	1908	대한협회회보	안국선	정당론	제3, 4, 5, 6, 7, 8, 11, 12호(8회)	정치	정당 정부	
233	국내	1908	대한협회회보	원영의	정체개론	제3, 5, 7, 8, 9, 10, 11, 12호(8회)	정치	정치학	
234	국내	1908	대한협회회보	설태희	헌법서언	제3, 5, 6호(3회)	법	헌법	
235	국내	1908	대한협회회보	한상초자	재판심급의 제도	제3호	법	법현상	
236	국내	1908	대한협회회보	심의성	경쟁하는 삼대력의 여유한 관계	제3호	사회	진화론	
237	국내	1908	대한협회회보	정교	정당득실	제3, 4호	정치	정당론	

순번	발행지	연대	학회보명	필자	제목	수록 호수	분야	세분	기타
238	국내	1908	대한협회회보	이종린	신구학의 관계	제4호	학문	신구학	
239	국내	1908	대한협회회보	김광제	국가지보	제4호	정치	국가론	
240	국내	1908	대한협회회보	이상직	양토법	제4호	농업	축산학	
241	국내	1908	대한협회회보	원영의	법률개론	제4호	법	법학	
242	국내	1908	대한협회회보	안국선	민법과 상법	제4호	법	민법	
243	국내	1908	대한협회회보	여병현	격치학의 효용	제5, 6호	격치		
244	국내	1908	대한협회회보	중고산인	과목배양법	제5~12호 (8회)	농업	과수	
245	국내	1908	대한협회회보	변덕연	법률이 사세에 시행되는 이유	제5, 6호 (2회)	법	법학	
246	국내	1908	대한협회회보	편집자	방국의 구별	제5호	지리	지명	지명어 표기
247	국내	1908	대한협회회보	대한자	토지와 국민의 관계	제6호	정치	국가학	
248	국내	1908	대한협회회보	김신규	가정교육이 전국 민족단체의 기관	제6호	교육	가정교육	
249	국내	1908	대한협회회보	권동진	상업발달의 요소	제6~12호 (7회)	경제	상업학	
250	국내	1908	대한협회회보	중고초부	농업개요	제7, 8, 9, 10, 11, 12호(6회)	농업	농업학	
251	국내	1908	대한협회회보	중악산인	법률을 불가불학	제7호	법	법학	
252	국내	1908	대한협회회보	여병현	신학문을 불가불학	제8호	학문	신구학	
253	국내	1908	대한협회회보	천연자	지구학설	제8호	지문	지구론	
254	국내	1908	대한협회회보	정달영	자치의 의의를 개론함	제8호	정치	자치제도	
255	국내	1908	대한협회회보	이종린	세계의 최고산	제8,9호	지리	지리	지명어 표기

순번	발행지	연대	학회보명	필자	제목	수록 호수	분야	세분	기타
256	국내	1908	대한협회회보	금릉생	지방자체제도 문답	제9, 10, 11호(3회)	정치	자치제도	
257	국내	1908	대한협회회보	장지연	교과서 검정에 관한 충고	제10호	교육	교과서 문제	
258	국내	1908	대한협회회보	정달영	정당방위권을 허한 이유와 기 허하는 범위	제10호	법	법현상	
259	국내	1908	대한협회회보	원석산인	어학의 성질	제11호	언어	국문론	
260	국내	1908	대한협회회보	여병현	병사교육의 개요	제12호	교육	군사교육	
261	국내	1908	대한협회회보	이종린	채권법 총론	제12호	법	채권법	
262	국내	1908	호남학보	이기 역술	양씨학설	제1호	번역	양계초	
263	국내	1908	호남학보	이기	가정학설	제1~9호 (9회)	교육	가정학	
264	국내	1908	호남학보	이기·현채	국가학설	제1~4호 (이기), 5~9호 (현채의 동 국사략)	정치	국가학	대한 역사
265	국내	1908	호남학보	현채	을지문덕/유년필독서초	제1호 이후 명사 여 언 은 모두 유 년 필 독 석 의임	역사	대한역사	현채
266	국내	1908	호남학보	황희성	여여하정 서	제2호	언어	국문론	한문론
267	국내	1908	호남학보	매일신보	국한문 경중론	제2호	언어	국문론	한문론
268	국내	1908	호남학보	변승기	신구동의	제2호	학문	신구학	
269	국내	1908	호남학보	이기	정치학설	제2~9호 (8회)	번역	양계초	정치학
270	국내	1908	호남학보	유희열	학계만설	제3~9호 (6회)	학문	학제, 학 문, 학회	
271	국내	1908	호남학보	이기	사교완급	제4호	교육	사범교육	

순번	발행지	연대	학회보명	필자	제목	수록 호수	분야	세분	기타
272	국내	1908	호남학보	이기	법학설	제4~9호 (6회)	법	법학	
273	국내	1908	호남학보	이기	대학신민해/양묵변	제6호	번역	양계초	
274	국내	1908	호남학보	이기	농학설	제6~9호 (4회)	농업	농학	
275	국내	1908	호남학보	강엽	의무교육	제7호	교육	의무 교육론	
276	국내	1908	호남학보	이기	학비학문	제7호	학문		
277	국내	1908	호남학보	윤주찬	종식학설	제7, 8, 9호	농업	산림학	
278	국내	1908	호남학보	윤주찬	각종학이 불여농학	제9호	농업	농학	
279	국내	1908	기호흥학회월보	정영택	교육의 목적	제1호	교육	교육학	
280	국내	1908	기호흥학회월보	홍정유	조세의 정의	제1호	법	조세	
281	국내	1908	기호흥학회월보	유병필	생리의 정의 급 서론	제1~12호 (12회)	생리위생	생리학	
282	국내	1908	기호흥학회월보	서병두	응용화학	제1, 2, 4, 5, 8회 (5회)	화학		
283	국내	1908	기호흥학회월보	박정동	지문약론	제1, 2, 3, 4, 6, 8호 (6회)	지문	지구과학	
284	국내	1908	기호흥학회월보	황성자	사숙을 일체 타파	제1호	교육	교육제도	
285	국내	1908	기호흥학회월보	민종묵	신구학의 원위	제2호	학문	신구학	
286	국내	1908	기호흥학회월보	안국선	정치학	제2, 4호	정치	정치학	
287	국내	1908	기호흥학회월보	민대식	광물학	제2, 3, 4, 6, 7, 8, 9, 10, 11, 12 호(10회)	광물		

순번	발행지	연대	학회보명	필자	제목	수록 호수	분야	세분	기타
288	국내	1908	기호흥학회월보	김봉진	동물학	제2, 3, 5, 6, 7, 8, 11, 12호 (8회)	동물		
289	국내	1908	기호흥학회월보	원영의	식물학	제2~12호 (11회)	식물		
290	국내	1908	기호흥학회월보	윤성희	경제학	제2, 4호	경제	경제학	
291	국내	1908	기호흥학회월보	유 부인 원 저	태교신기	제2~8호 (7회)	번역	가정교육	태교
292	국내	1908	기호흥학회월보	김하정	대한 신지리학	제3호	지리	대한지리	
293	국내	1908	기호흥학회월보	최병헌	학유신구변기허실	제4호	학문	신구학	
294	국내	1908	기호흥학회월보	민병두	지방 자치 행정	제4, 5, 6, 7호(4회)	정치	자치제도	
295	국내	1908	기호흥학회월보	이범성	법률학	제4~10호 (6회)	법	법학	
296	국내	1908	기호흥학회월보	홍정유	회사법 초략	제4, 5, 6, 7호(4회)	법	경제법	
297	국내	1908	기호흥학회월보	신채호	문법을 의통일	제5호	언어	국문론	
298	국내	1908	기호흥학회월보	이해조	윤리학	제5~12호 (8회)	윤리	윤리학	
299	국내	1908	기호흥학회월보	이기헌	학문은 불가불 참호 신구	제6호	학문	신구학	
300	국내	1908	기호흥학회월보	이춘세	정치학설	제6~10호 (5회)	번역	홉스	정치학
301	국내	1908	기호흥학회월보	이각종	실리농방	제6~12호 (7회)	농업	농업학	
302	국내	1908	기호흥학회월보	이보상	학 무신구로 권고 불학제공	제7호	학문	신구학	
303	국내	1908	기호흥학회월보	홍정유	법학	제8, 9호 (2회)	법	법학	

순번	발행지	연대	학회보명	필자	제목	수록 호수	분야	세분	기타
304	국내	1908	기호흥학회월보	이응종	학전	제9, 11, 12호(3회)	교육	교육제도	
305	국내	1908	기호흥학회월보	편집부	저잠의 사육법	제10, 11, 12호 (3회)	농업	양잠학	
306	국내	1908	기호흥학회월보	김봉진	빈민에 대한 교육관념	제11, 12호	사회	사회현상	
307	국내	1908	기호흥학회월보	홍정유	지문문답	제11, 12호	지문		
308	국내	1908	기호흥학회월보	이범성	화학문답	제11, 12호	화학		
309	국내	1908	소년	편집실	花學敎室 高等科, 보습과, 보통과, 전문과	제2권 제5호	식물	식물학	
310	국내	1908	소년	편집실	國家의 競爭力	제2권 제10호	정치	국가학	
311	국내	1908	소년	편집실	鳳吉伊 地理 工夫	제1권 1, 2호, 제2권 1, 6, 10호 (5회)	지리	지리	
312	국내	1908	소년	편집실	星辰	제1권 1, 2호, 제2권 1호(3회)	천문	천문학	
313	국내	1908	소년	편집실	少年 論語	제2권 7, 8, 9, 10호 (4회)	언어	한문	
314	국내	1908	소년	편집실	少年 英語 敎室(來月부터 揭載): 英國文字 알파베트	제1권 제2호	언어	영어	
315	국내	1908	소년	소년이과교실주인	少年 理科 敎室: 第一課 人體에 잇난 水量-第三課	제1권 2호, 제2권 4호 (2회)	이과	이학	
316	국내	1908	소년	편집실	少年 漢文 敎室: 第一課 物目, 第二課 成句	제1권 1, 2호, 2권 4호 (3회)	언어	한문	
317	국내	1908	소년	강창희	少年通信: 方言 강원 철원 강창희(강원 방언 소개)	제2권 제1호	언어	국어	

순번	발행지	연대	학회보명	필자	제목	수록 호수	분야	세분	기타
318	국내	1908	소년	강희목	少年通信: 方言 경북 봉화 강희목 보(경북 방언 소개)	제2권 제1호	언어	국어	
319	국내	1908	소년	편집실	少年通信: 方言(전북 익산) 等	제2권 제4호	언어	국어	
320	국내	1908	소년	소년인	王學 提唱에 對하야	제4권 제2호	학문	양명학	
321	국내	1908	소년	집필인	肉食草	제1권 제2호	식물	식물학	
322	국내	1908	소년	집필인	長마는 왜 지난가	제2권 제7호	지문	지문학	
323	국내	1908	소년	집필인	節序 循環과 晝夜長短의 理 (上)	제2권 제7호	지문	지문학	
324	국내	1908	소년	집필인	節序循環과 晝夜長短의 理 (下)	제2권 제10호	지문	지문학	
325	국내	1908	소년	집필인	地理學 硏究의 目的	제2권 제10호	지문	지리학	
326	국내	1908	소년	집필인	初等 大韓地理 稿本: 第一編 發端, 第二編 總說, 第三編 地方誌	제3권 제4호	지리	지리	
327	국내	1908	소년	집필인	할늬 彗星 略說	제3권 제5호	천문	천문학	
328	국내	1908	소년	최남선	海上 大韓史	제1권 9호~제3권 6호(12회)	역사	역사	
329	국내	1908	소년	최남선	스마일스 용기론		번역	스마일스	
330	국내	1907	법정학계	한광호	법률발생의 원인	제1호	법		
331	국내	1907	법정학계	이승교	경제학설	제1호	경제		
332	국내	1907	법정학계	박승희	개인이 국가에 대한 관계 급 의무	제2호	국가		
333	국내	1907	법정학계	이원생	국제법과 국내법의 구별	제2호	법		

순번	발행지	연대	학회보명	필자	제목	수록 호수	분야	세분	기타
334	국내	1907	법정학계	유완영	논 법률과 경제의 하자 - 우승	제2호	법		
335	국내	1907	법정학계	윤익선	통치권의 성질 급 범위	제6호	정치	국가	
336	국내	1907	법정학계	윤성희	덕의심과 경제학의 관계	제6호	경제		
337	국내	1907	법정학계	이원생	경찰과 정치의 관계	제7호	정치	경찰학	
338	국내	1907	법정학계	김기수	국제공법 연구의 필요	제8호	법	국제법	
339	국내	1907	법정학계	이한길	법률의 관념	제8호	법		
340	국내	1907	법정학계	유옥겸	사회의 적응	제9호	사회		
341	국내	1907	법정학계	변만영	국가와 인간의 구별 급 관계	제14호	정치	국가	
342	국내	1907	법정학계	박두화	국가 성립의 무형 요소	제15호	정치	국가	
343	국내	1907	법정학계	윤성희	재정학의 역사	제15호	행정		
344	국내	1907	법정학계	김익성	법률과 교화의 정치상 관계	제15호	법		
345	국내	1907	법정학계	박두화	법률과 도덕의 관계	제17호	법		
346	국내	1907	법정학계	윤익선	법리와 법률	제18호	법		
347	국내	1907	법정학계	정창구	국가원론	제18, 19, 20호(3회)	정치	국가	
348	국내	1907	법정학계	윤익선	형사학에 대하여	제20호	법	형사법	
349	국내	1907	법정학계	유옥겸	법률가의 역사적 지식	제22호	법		
350	국내	1907	법정학계	윤익선	국가와 교육	제22호	정치	교육	
351	국내	1907	법정학계	김규병	국가의 작용상 행정의 필요	제24호	정치	행정	
352	국내	1905	수리학잡지	편집인	산술신강의	제1~6호 (6회)	산술		
353	국내	1905	수리학잡지	편집인	산술문제해설	제1~6호 (6회)	산술		

순번	발행지	연대	학회보명	필자	제목	수록 호수	분야	세분	기타
354	국내	1905	수리학잡지	편집인	이과	제1~6호 (6회)	이과		
355	국내	1905	수리학잡지	편집인	수리학 고문과 학생	제4, 5, 6호 (3회)	이과		
356	국내	1906	가정잡지	양기탁	가정교육론	제3, 4호	가정		
357	국내	1906	가정잡지	용파생	가정교육의 목적	제7호	가정		
358	국내	1906	가정잡지	주시경	국문	제3, 4, 5, 7호	언어	국문론	
359	국내	1907	대한구락	남정훈	공법상 국가와 국제공법상 국 가의 차이	제2호	정치	국가	
360	국내	1907	대한구락	금화산인	여자의 교육	제2호	교육	여자교육	
361	국내	1908	장학보	편집인	정치학	제1, 4, 5호	정치		
362	국내	1908	장학보	편집인	법률개요	제4, 5호	법		
363	국내	1908	교육월보	편집인	대한지지	제1~5호 (5회)	지리		
364	국내	1908	교육월보	편집인	만국지지	제1~5호 (5회)	지리		
365	국내	1908	교육월보	편집인	산술	제1~5호 (5회)	산술		
366	국내	1908	교육월보	편집인	물리학	제1~5호 (5회)	물리		
367	국내	1908	교육월보	편집인	위생론	제1~5호 (5회)	생리위생		
368	국내	1908	자선부인회잡지	리정숙	어린아해 교육론	제1호	교육	아동교육	
369	국내	1908	자선부인회잡지	김범경	지리문답	제1호	지리		
370	국내	1909	공업계	이필하	응용화학의 개론	제1호	화학		
371	국내	1909	공업계	정해설	화학	제1, 2, 3호 (3회)	화학		

순번	발행지	연대	학회보명	필자	제목	수록 호수	분야	세분	기타
372	국내	1909	공업계	윤정섭	물리학 총설	제1, 2, 3호 (3회)	물리		
373	국내	1910	보중친목회회보	김용철	최근 태서과학의 개관	제1호	과학		
374	국내	1910	보중친목회회보	이수삼	동물진화의 개의	제1호	동물		
375	국내	1910	보중친목회회보	주시경	한나라말	제1호	언어	국문	
376	국내	1910	보중친목회회보	김인식	천문학사의 개요	제1호	천문		
377	국내	1910	보중친목회회보	김진황	지문학 문답	제1호	지문		
378	국내	1910	보중친목회회보	오일영	무기화학의 문답	제1호	화학		
379	국내	1910	보중친목회회보	함대섭	물리학의 지위 연구법 효용 급 구분	제1호	물리		
380	국내	1910	보중친목회회보	장도순	식물학의 일반	제1호	식물		
381	국내	1910	보중친목회회보	조동훈	수학	제1호	산술		
382	국내	1910	보중친목회회보	이종만	광물 급 지질	제1호	광물		
383	국내	1910	보중친목회회보	원영의	학문 지식은 생활의 원료	제2호	학문		
384	국내	1909	교남교육회잡지	이연상	지리학의 원리	제3, 4호	지리		
385	국내	1909	교남교육회잡지	김상교	법률학	제8, 9호	법		
386	국내	1909	교남교육회잡지	김두봉	생리학	제8호	생리위생		
387	국내	1909	교남교육회잡지	박정동	물리학	제5, 6, 7, 8호(4회)	물리		
388	국내	1909	교남교육회잡지	김상교	법인의 성질 급 종류	제2호	법		
389	국내	1909	교남교육회잡지	이근중	신서산법	제2호	산술		
390	국내	1909	교남교육회잡지	박정동	지도지거	제4호	지리		
391	국내	1909	교남교육회잡지	윤돈구	지문약설	제4, 5호	지문		

순번	발행지	연대	학회보명	필자	제목	수록 호수	분야	세분	기타
392	국내	1909	교남교육회잡지	김상교	물권학	제4, 5, 6호 (3회)	법		
393	국내	1909	교남교육회잡지	이근중	역법 비교 급 계통	제5호	천문		
394	국내	1909	교남교육회잡지	장억	잠학	제6, 7, 8호	농업		
395	국내	1909	교남교육회잡지	권중철	사학	제8호	역사		
396	국내	1909	교남교육회잡지	채장묵	격치학의 공용	제10, 11호	격치		
397	국내	1909	교남교육회잡지	김준	과수원예학	제10, 11호	농업		
398	국내	1909	교남교육회잡지	정의용	기충설	제11호	공업		
399	유학생	1896	친목회회보	이하영	학문	제1호	학문		
400	유학생	1896	친목회회보	신해영	한문자와 국문자의 손익 여하	제2호	언어	국문론	한문론
401	유학생	1896	친목회회보	고희준	사물 변천의 연구에 대한 인류학적 방법	제2호	학문	연구방법	
402	유학생	1896	친목회회보	지영준	학문의 공효	제3호	학문		
403	유학생	1896	친목회회보	최상돈	교육론	제3호	교육		
404	유학생	1896	친목회회보	안명선	정치의 득실	제3호	정치		
405	유학생	1896	친목회회보	윤세용	정치가 언행론	제3호	정치		
406	유학생	1896	친목회회보	원응상	학문의 연구	제3호	학문	연구방법	
407	유학생	1896	친목회회보	유창	국민의 의무	제3호	정치	국민론	
408	유학생	1896	친목회회보	김기장	정치본원	제4호	정치	국가론	
409	유학생	1896	친목회회보	이면우	학문의 실행과 허식의 이해	제4호	학문	신구학	신학문
410	유학생	1896	친목회회보	유창희	정치가의 직책론	제4호	정치		
411	유학생	1896	친목회회보	남순희	외교상 여하	제4호	정치	국제외교	

순번	발행지	연대	학회보명	필자	제목	수록 호수	분야	세분	기타
412	유학생	1896	친목회회보	정인소	국가의 관념	제4호	정치	국가론	
413	유학생	1896	친목회회보	원응상	교육에 대하여 국민의 애국상상	제5호	교육	애국론	
414	유학생	1896	친목회회보	김기위	정치본원	제5호	종교	교화론	
415	유학생	1896	친목회회보	윤치함	무사교육의 최급설	제5호	교육	군사교육	
416	유학생	1896	친목회회보	변국선	물리총론	제5호	물리		
417	유학생	1896	친목회회보	오성모	분업과 합력의 관계	제5호	경제	경제학	
418	유학생	1896	친목회회보	김성은	애국심이 유한 후 국민	제5호	정치	애국론	
419	유학생	1896	친목회회보	김상순	법률의 정의	제5호	법	법학	
420	유학생	1896	친목회회보	안명선	정도론	제5호	정치		
421	유학생	1896	친목회회보	남순희	심리학과 물리학의 현효	제5호	격치	심리, 물리학	
422	유학생	1896	친목회회보	어용선	경제학 개론	제5호	경제	경제학	
423	유학생	1896	친목회회보	정재순	법률개론	제5호	법	법학	
424	유학생	1896	친목회회보	유창희	형사소송법의 연혁	제5호	법	형사법	
425	유학생	1896	친목회회보	이면우	형법 의의의 약론	제5호	법	형법	
426	유학생	1896	친목회회보	김용제	입헌정체의 개론	제5호	정치	정치학	
427	유학생	1896	친목회회보	지원준	지진의 원인	제5호	지문	지구과학	
428	유학생	1896	친목회회보	장규환	감옥제도론	제5호	법	형벌론	
429	유학생	1896	친목회회보	최영식	공업의 필요	제5호	공업		
430	유학생	1896	친목회회보	신해영	무신경 계약의 결과	제6호	정치	국제외교	
431	유학생	1896	친목회회보	유치학	민법의 개론	제6호	법	민법	
432	유학생	1896	친목회회보	장호익	사회경쟁적	제6호	사회	진화론	

순번	발행지	연대	학회보명	필자	제목	수록 호수	분야	세분	기타
433	유학생	1896	친목회회보	원응상	개화의 삼원칙	제6호	학문	연구방법	
434	유학생	1906	태극학보	최석하	국가론	제1호	정치	국가학	
435	유학생	1906	태극학보	장응진	아국 교육계의 현상을 관하고 보통교육의 급무를 논함	제1호	교육	보통 교육론	
436	유학생	1906	태극학보	유승흠	종교 유지 방침이 재경학가 속 선개화	제1, 2호 (2회)	종교		
437	유학생	1906	태극학보	채규병	사회교육	제1, 2호 (2회)	교육	사회교육	
438	유학생	1906	태극학보	장응진	공기설	제1, 2호 (2회)	물리학		
439	유학생	1906	태극학보	김지간	수증기의 변화	제1, 2호 (2회)	물리학		
440	유학생	1906	태극학보	장지태	석탄	제1호	지문	지구과학	
441	유학생	1906	태극학보	신성호	석유	제1호	지문	지구과학	
442	유학생	1906	태극학보	강병옥	위생	제1, 2호 (2회)	생리위생	위생학	
443	유학생	1906	태극학보	김진초	조림학지 필요	제1호	농업	산림학	
444	유학생	1906	태극학보	장계택	가정교육	제2호 이후	교육	가정교육	
445	유학생	1906	태극학보	장응진	화산설	제2호	지문	지구과학	
446	유학생	1906	태극학보	김진초	미균론	제2호	생리위생	위생학	
447	유학생	1906	태극학보	유전	음료수	제2, 4호 (2회)	생리위생	위생학	
448	유학생	1906	태극학보	박제봉	구급치료법	제2, 4호 (2회)	생리위생	위생학	
449	유학생	1906	태극학보	홍정수	염	제2호	지문		
450	유학생	1906	태극학보	전영작	학술상 관찰노 상업경제의 공황상태를 논흠	제2, 3, 4호 (3회)	경제	경제학	

순번	발행지	연대	학회보명	필자	제목	수록 호수	분야	세분	기타
451	유학생	1906	태극학보	장응진	아국 국민교육의 진흥책	제3호	교육	교육론	
452	유학생	1906	태극학보	최석하	정부론	제3호	정치	정부론	
453	유학생	1906	태극학보	편집부	조림상 입지의 관계	제3호, 제5호(2회)	농업	산림학	
454	유학생	1906	태극학보	장홍식	상업의 의의	제3호	경제	상업학	
455	유학생	1906	태극학보	최석하	공채론	제4호	경제	국가경제	
456	유학생	1906	태극학보	장계택	경찰지목적	제4, 5, 6호(3회)	정치	경찰학	
457	유학생	1906	태극학보	김만규	농자는 백업의 근이오 행복의 원인이라	제4, 5, 6호(3회)	농업	농학	
458	유학생	1906	태극학보	장응진	과학론	제5호	학문론	연구방법	
459	유학생	1906	태극학보	최석하	조세론	제5, 6, 7호(3회)	법	조세법	
460	유학생	1906	태극학보	한상기	동물사회적 생활	제5, 6호(2회)	동물학		
461	유학생	1906	태극학보	박상락	위생문답	제5, 6, 8호(3회)	생리위생	위생학	
462	유학생	1906	태극학보	홍정구	송화와 풍	제5, 6호(2회)	식물학		
463	유학생	1906	태극학보	강전	국문편리 급 한문 폐해의 설	제6호	언어	국문론	
464	유학생	1906	태극학보	장홍식	국가와 국민 기업심의 관계	제6호	경제	국가경제	
465	유학생	1906	태극학보	오석유	가정교육	제6호	교육	가정교육	
466	유학생	1906	태극학보	곽한탁	헌법	제6, 7, 9호(3회)	법	헌법	
467	유학생	1906	태극학보	한명수	외국지리	제6, 7, 8, 10호 (4회)	지리	외국지리	
468	유학생	1906	태극학보	장계택	경찰 탐정	제7, 8, 9호(3회)	정치	경찰학	

순번	발행지	연대	학회보명	필자	제목	수록 호수	분야	세분	기타
469	유학생	1906	태극학보	박상락	광물 수정 급 석영	제7호	광물학		
470	유학생	1906	태극학보	김진초	양계설	제7, 12, 13, 14호 (4회)	농업	축산학	
471	유학생	1906	태극학보	전영작	입법 사법 급 행정의 구별과 기 의의	제8, 10, 12호(3회)	정치	삼권 분립론	
472	유학생	1906	태극학보	장응진	심리학상 관찰한 언어	제9호	언어	언어학	
473	유학생	1906	태극학보	박상락	지진설	제9호	지문	지구과학	
474	유학생	1906	태극학보	편집부	동물의 지정	제9호	동물학	진화론	
475	유학생	1906	태극학보	김진초	농원 양돈설	제9, 10호	농업	축산학	
476	유학생	1906	태극학보	우경명	교육의 목적	제10호	교육	교육학	
477	유학생	1906	태극학보	김낙영	동서양인의 수학사상	제10, 11호 (2회)	수학	수학사상	
478	유학생	1906	태극학보	이규영	심장운동과 혈액순환의 요론	제10, 11호 (2회)	생리위생	생리학	
479	유학생	1906	태극학보	박상락	동물체에 유한 세력의 근원	제10호	동물학		
480	유학생	1906	태극학보	김낙영	소년백과총서 동몽물리학강담	제11, 12, 13, 14, 25, 26호 (6회)	물리학		
481	유학생	1906	태극학보	오석유	학창여담(법과 국가관련)	제11, 12호(2회)	법	국가학	
482	유학생	1906	태극학보	박상락	수목 이야기	제11호	식물학		
483	유학생	1906	태극학보	우경명	집안에서 어린아이 기르는 법	제11호	교육	가정교육	
484	유학생	1906	태극학보	김낙영	수 이야기	제11호	지문	지구과학	
485	유학생	1906	태극학보	이규영	위생편담	제12호	생리위생	위생학	
486	유학생	1906	태극학보	장응진	교수와 교과에 대하여	제13, 14, 15호(3회)	교육	교과학	

순번	발행지	연대	학회보명	필자	제목	수록 호수	분야	세분	기타
487	유학생	1906	태극학보	김낙영	세계 대동물담	제13호	동물학		
488	유학생	1906	태극학보	김낙영	삼수식재조림법	제13호	농업	산림학	
489	유학생	1906	태극학보	연구생	지문학 강담	제13, 14호(2회)	지문	지리 지구	
490	유학생	1906	태극학보	호연자	이과 강담(소학교 교원)	제13, 14, 15, 16, 17호(5회)	이학	동물, 식물, 천문학	
491	유학생	1906	태극학보	앙천자	천문학 강화	제14, 16호(2회)	천문학		
492	유학생	1906	태극학보	연구생	지중의 온도	제15호	지문	지구과학	
493	유학생	1906	태극학보	박상락	접목법	제15, 16, 17, 18호(4회)	농업	과수	
494	유학생	1906	태극학보	앙천자	경기구담	제15호	천문학		
495	유학생	1906	태극학보	한상기	볼도액	제15호	농업	농학	
496	유학생	1906	태극학보	김낙영	세계 문명사	제16, 17, 18, 19, 20, 22호(6회)	역사	문명사	
497	유학생	1906	태극학보	김철수	가정교육법	제16호	교육	가정교육	
498	유학생	1906	태극학보	연구생	음향 이야기	제16호	물리학		
499	유학생	1906	태극학보	박유병	수학의 유희	제16호	수학		
500	유학생	1906	태극학보	호연자	소학 교원의 천직	제17호	교육	사범교육	
501	유학생	1906	태극학보	연구생	학문의 목적	제17호	학문론	연구방법	
502	유학생	1906	태극학보	경세생	농업의 보호와 개량에 관한 국가의 시설	제17호	농업		
503	유학생	1906	태극학보	연구생	자석(속 소위 지남철)이야기	제17호	물리학		
504	유학생	1906	태극학보	권학자	소학교 교원의 주의	제18호	교육	사범교육	

순번	발행지	연대	학회보명	필자	제목	수록 호수	분야	세분	기타
505	유학생	1906	태극학보	연구생	전세계의 연구	제18호	지문	지질학	
506	유학생	1906	태극학보	학해주인	인조금	제18호	화학		
507	유학생	1906	태극학보	유종수	한중 동물담	제18호	동물학		
508	유학생	1906	태극학보	박정의	화학별기	제18, 19, 20, 22호 (4회)	화학		
509	유학생	1906	태극학보	만천생	동양사의 연구	제19호	역사	동양사	
510	유학생	1906	태극학보	연구생	청년의 심리학 응용	제19호	심리학		
511	유학생	1906	태극학보	김영재	천연두 예방법	제19호	생리위생	위생학	
512	유학생	1906	태극학보	학해주인	해의 담	제19호	지문	지질학	
513	유학생	1906	태극학보	노농	낙타담	제19호	동물학		
514	유학생	1906	태극학보	김영재	과학의 급무	제20호	학문론	연구방법	
515	유학생	1906	태극학보	김영재	타족의 위생	제20호	생리위생	위생학	
516	유학생	1906	태극학보	김지간	과수 전정법	제20, 21, 22, 24, 26호 (5회)	농업	과수	
517	유학생	1906	태극학보	학해주인	실업지리	제20호	지리		
518	유학생	1906	태극학보	삼보	경제학 대요	제21호	경제	경제학	
519	유학생	1906	태극학보	학해주인	철학초보	제21, 22호 (2회)	철학		
520	유학생	1906	태극학보	김지간	보호국론	제21호	정치	식민주의	
521	유학생	1906	태극학보	문일평	세계 풍속지	제21호	역사	민속학	
522	유학생	1906	태극학보	김원극	법률 학생계의 관념	제22호	법		
523	유학생	1906	태극학보	양치중	수구과 반유어취신	제22호	학문론	신구학	

순번	발행지	연대	학회보명	필자	제목	수록 호수	분야	세분	기타
524	유학생	1906	태극학보	연구생	아동교육설	제22호	교육	아동교육	
525	유학생	1906	태극학보	포우생	동물의 생식법	제22호	동물학		
526	유학생	1906	태극학보	김영재	위생문답	제22호	생리위생	위생학	
527	유학생	1906	태극학보	포우생	물리학의 자미스러온 이야기	제23, 24호 (2회)	물리학		
528	유학생	1906	태극학보	김홍량	화학강의	제23호	화학		
529	유학생	1906	태극학보	김현식	물리학 강의	제23호	물리학		
530	유학생	1906	태극학보	죽정	알키메스 씨의 설	제23호	물리학		
531	유학생	1906	태극학보	관물객	계란의 저장법	제23호	농업	축산학	
532	유학생	1906	태극학보	서병현	연구는 진화의 본	제24호	학문론	연구방법	
533	유학생	1906	태극학보	이대형	경찰의 정의	제24호	정치	경찰학	
534	유학생	1906	태극학보	김수철	생리학초보	제24호	생리위생	해부학 생리학 위생학	
535	유학생	1906	태극학보	김홍량	권학론	제24호	학문론	후쿠자와 유키지	
536	유학생	1906	태극학보	연구생	독물의 연구	제25호	생리위생	위생학	
537	유학생	1906	태극학보	김낙영	계병 간이 치료법	제25호	농업	축산학	
538	유학생	1906	태극학보	학해주인	포경법	제25호	어업		
539	유학생	1906	태극학보	연구생	제충국의 연구	제25호	농업	원예	
540	유학생	1906	태극학보	연구생	뇌와 신경의 건전법	제26호	생리위생	위생학	
541	유학생	1907	공수학보	김지간	국가사상을 논함이라	제1호	정치	국가사상	
542	유학생	1907	공수학보	구자학	논 아국소학교 교과서	제1, 2호	교육	교과서	
543	유학생	1907	공수학보	한용	국체지효력	제1호	정치	국가론	

순번	발행지	연대	학회보명	필자	제목	수록 호수	분야	세분	기타
544	유학생	1907	공수학보	강병옥	신체구조의 대요설	제1호	생리위생	생리학	
545	유학생	1907	공수학보	장홍식	시세의 교육론	제1호	교육	교육학	
546	유학생	1907	공수학보	김성목	식물략기	제1호	식물		
547	유학생	1907	공수학보	원훈상	위생의 필요	제1호	생리위생	위생학	
548	유학생	1907	공수학보	이상욱	대기의 성질 급 작용	제1호	지문	지구과학	
549	유학생	1907	공수학보	김만규	지각 발달을 논함	제1호	지문	지질학	
550	유학생	1907	공수학보	현단	삼림의 필요	제1호	농업	산림학	
551	유학생	1907	공수학보	현석건	법률과 도덕의 차이	제1호	법	법학	
552	유학생	1907	공수학보	유전	가정과 결혼	제1호	가정		가정 교육
553	유학생	1907	공수학보	한상기	생식의 일관	제1호	생리위생	생리학	
554	유학생	1907	공수학보	조용관	동물의 진화론	제1호	동물	진화론	
555	유학생	1907	공수학보	전영식	운수교의 통기관	제1호	경제	교통	
556	유학생	1907	공수학보	김진용	식물지대자연계 관계	제1, 2호 (2회)	식물		한문
557	유학생	1907	공수학보	이은덕	아등의 연구하는 학문	제2호	학문	유학생론	
558	유학생	1907	공수학보	박종식	국가의 흥체는 교육 정신에 재함	제2호	교육		
559	유학생	1907	공수학보	윤거현	국가의 본질과 형체	제2호	정치	국가학	
560	유학생	1907	공수학보	박유병	진화론	제2호	생물	진화론	
561	유학생	1907	공수학보	강병옥	동물 종족 발생의 학설	제2호	동물	진화론	라마르크, 다윈설
562	유학생	1907	공수학보	장윤원	대기의 수열과 기후의 변이	제2호	지문	지구과학	

순번	발행지	연대	학회보명	필자	제목	수록 호수	분야	세분	기타
563	유학생	1907	공수학보	이상진	공기의 조성	제2호	지문	지구과학	공기를 이루는 요소의 개념어
564	유학생	1907	공수학보	유병민	식물의 근원 급 성질	제2호	생리위생	위생학	
565	유학생	1907	공수학보	전석홍	동물의 습성	제2호	동물		
566	유학생	1907	공수학보	전석홍	일본 흥국사	제2호	역사	일본사	
567	유학생	1907	공수학보	구자욱	제국 교육의 대가에 경고	제3호	교육	교육론	
568	유학생	1907	공수학보	최용화	농업의 필요	제3호	농업		
569	유학생	1907	공수학보	윤거현	생산을 논함	제3호	경제	경제학	
570	유학생	1907	공수학보	강병옥	음식 소화의 원인	제3호	생리위생	생리학	
571	유학생	1907	공수학보	이은덕	지사	제3호	지문	지질학	
572	유학생	1907	공수학보	장홍식	노동자와 기업자의 대항	제3호	정치	정치현상	
573	유학생	1907	공수학보	원훈상	천기예보의 일반	제3호	천문	기상학	
574	유학생	1907	공수학보	유전	과포화의 현상	제3호	물리		
575	유학생	1907	공수학보	민정기	양계론	제3호	농업	축산학	
576	유학생	1907	공수학보	이상목	동물 회화	제3호	동물		
577	유학생	1907	공수학보	이상진	박물잡조	제4호	박물		
578	유학생	1907	공수학보	윤풍현	식물	제4호	식물		
579	유학생	1907	공수학보	이상욱	수성의 인류(태양보 역)	제4호	번역	천문학	
580	유학생	1907	공수학보	유병민	지진설	제4호	지문	지구과학	
581	유학생	1907	공수학보	이강현	지문학 문답	제4호	지문	지문학	
582	유학생	1907	공수학보	무일당	세계 풍조관	제5호	철학	세계사조	

순번	발행지	연대	학회보명	필자	제목	수록 호수	분야	세분	기타
583	유학생	1907	공수학보	김성목	광물응용	제5호	광물		
584	유학생	1907	공수학보	장홍식	논 법률이 불여실업	제5호	경제	상업학	
585	유학생	1907	공수학보	윤거현	만근 각국 세출이 일반으로 증가하는 원인을 논함	제5호	경제	재정학	
586	유학생	1907	대한유학생회학보	이한경	은행과 경제 발달의 관계	제1호	경제	경제현상	
587	유학생	1907	대한유학생회학보	편집자	인격을 양성하는 데 교육의 효과	제1호	교육	교육론	
588	유학생	1907	대한유학생회학보	한흥교	국문과 한문의 관계	제1호	언어	국문론	
589	유학생	1907	대한유학생회학보	이규정	경찰위국가간성	제1호	정치	경찰학	
590	유학생	1907	대한유학생회학보	조용은	신교론	제1호	종교		
591	유학생	1907	대한유학생회학보	이창환	법률과 도덕의 구별	제1호	법		공수학보 1호 현석건과 동일
592	유학생	1907	대한유학생회학보	최남선	혜성설	제1호	천문		
593	유학생	1907	대한유학생회학보	편집자	지구지과거 급 미래	제1, 2호	번역	일본 요코야마 지구론	지문학
594	유학생	1907	대한유학생회학보	문내욱	무역상으로 관하는 영법(영국 프랑스)	제1호	경제	무역	
595	유학생	1907	대한유학생회학보	빙허자	여의 인생관	제1호	철학	생사관	
596	유학생	1907	대한유학생회학보	윤태진	경쟁론	제2호	사회	진화론	
597	유학생	1907	대한유학생회학보	변영주	변재어	제2호	언어	국문론	
598	유학생	1907	대한유학생회학보	최생	지리학잡기	제2호	지리	지리학	
599	유학생	1907	대한유학생회학보	이승근	국제공법론	제2, 3호 (2회)	법	국제법	
600	유학생	1907	대한유학생회학보	윤정하	상업교육	제2호	경제	상업교육	

순번	발행지	연대	학회보명	필자	제목	수록 호수	분야	세분	기타
601	유학생	1907	대한유학생회학보	이창환	노력	제2호	경제	경제학	
602	유학생	1907	대한유학생회학보	최명환	화학문답	제2, 3호 (2회)	화학		
603	유학생	1907	대한유학생회학보	김기옥	공기총론	제3호	지문	지구과학	
604	유학생	1907	대한유학생회학보	이규영	귀요 식물의 개론	제3호	생리위생	위생학	
605	유학생	1907	대한유학생회학보	정석내	경찰 요의	제3호	정치	경찰학	
606	유학생	1907	대한유학생회학보	이한경	경제생활	제3호	경제	경제학	
607	유학생	1907	대한유학생회학보	최남선	인류의 기원 급 발달	제3호	역사	문화 인류학	
608	유학생	1907	대한유학생회학보	한흥교	동물의 특성	제3호	동물		
609	유학생	1907	동인학보	채기두	법률과 전제사상	제1호	법		
610	유학생	1907	동인학보	금호주인	희랍에 상무적 교육	제1호	교육	군사교육	
611	유학생	1907	동인학보	김진용	청우계	제1호	천문	기상학	
612	유학생	1907	동인학보	곽한칠	위생상 주의	제1호	생리위생	위생학	
613	유학생	1907	동인학보	덕암생	동물의 자연도태	제1호	동물	진화론	
614	유학생	1907	동인학보	윤풍현	식물의 분포	제1호	식물		
615	유학생	1907	낙동친목회학보	문내욱	여자교육론	제1호	교육	여자교육	
616	유학생	1907	낙동친목회학보	윤정하	교육개량의 급무	제1호	교육		
617	유학생	1907	낙동친목회학보	김영기	법학 정의 개론	제1호	법	법학	
618	유학생	1907	낙동친목회학보	한흥교	민족론	제1호	정치	민족론	
619	유학생	1907	낙동친목회학보	김용근	응용화학	제1호	화학		
620	유학생	1907	낙동친목회학보	임규	교육론	제2호	종교		
621	유학생	1907	낙동친목회학보	문내욱	국민의 자격	제2호	정치	국민론	

순번	발행지	연대	학회보명	필자	제목	수록 호수	분야	세분	기타
622	유학생	1907	낙동친목회학보	윤정하	학문 선택의 필요	제2호	학문	학문일반	
623	유학생	1907	낙동친목회학보	양부생	지문학	제2, 3, 4호 (3회)	지문	지문학	
624	유학생	1907	낙동친목회학보	문내욱	교원양성책	제3호	교육	사범교육	
625	유학생	1907	낙동친목회학보	남기윤	동포의 최급무	제3호	정치	애국론	
626	유학생	1907	낙동친목회학보	애우생	국가설	제3호	정치	국가론	민중론
627	유학생	1907	낙동친목회학보	강한조	아 유학생의 의무	제3호	교육	유학생론	
628	유학생	1907	낙동친목회학보	한흥교	동물의 특성	제3호	동물		
629	유학생	1907	낙동친목회학보	최린	국민의 품격	제4호	정치	국민론	
630	유학생	1907	낙동친목회학보	이승근	정치문답	제4호	정치		
631	유학생	1907	낙동친목회학보	이명재	경제학설	제4호	경제	경제학	
632	유학생	1908	대한학회월보	이한경	단합은 국의 요소	제1호	정치	국가론	
633	유학생	1908	대한학회월보	박병철	자주와 자유	제1호	정치	자유론	
634	유학생	1908	대한학회월보	이동초	위생요람	제1, 2, 3, 5, 7호 (5회)	생리위생	위생학	
635	유학생	1908	대한학회월보	윤정하	경제학 요의	제1, 2호 (2회)	경제	경제학	
636	유학생	1908	대한학회월보	풍계생	공기욕설	제1호	생리위생	위생학	
637	유학생	1908	대한학회월보	이승근	세계 문명의 내력을 논함	제2, 7, 8호 (3회)	역사	문명사	
638	유학생	1908	대한학회월보	박해원	신구학설	제2호	학문	신구학	
639	유학생	1908	대한학회월보	강전	물리학의 적요	제2호	물리		개념어
640	유학생	1908	대한학회월보	이동초	한반도 문화 개관	제2, 4호 (2회)	역사	문화사	

순번	발행지	연대	학회보명	필자	제목	수록 호수	분야	세분	기타
641	유학생	1908	대한학회월보	양대경	한국 장래에 대하여	제3호	교육	정치교육	
642	유학생	1908	대한학회월보	강전	세계 3대 조를 논함	제3호	종교		
643	유학생	1908	대한학회월보	한흥교	아한 금일은 즉 사범시대	제3호	교육	사범교육	
644	유학생	1908	대한학회월보	홍성연	국가 정도는 필자 개인지자조 품행	제3호	정치	국가사상	
645	유학생	1908	대한학회월보	김갑순	대성질호 아국민적 정신	제3호	정치	국민론	
646	유학생	1908	대한학회월보	이한경	국가와 종교	제3호	종교		
647	유학생	1908	대한학회월보	윤정하	상업부기	제3, 4, 5호 (3회)	경제	상업학	
648	유학생	1908	대한학회월보	김기환	교육계 제공의게 헌하노라	제4호	교육	교육현상	언어 권력
649	유학생	1908	대한학회월보	한흥교	심리학의 정요	제4호	심리		
650	유학생	1908	대한학회월보	이창환	철학과 과학의 범위	제5호	학문	연구방법	
651	유학생	1908	대한학회월보	노정학	외국 무역론	제5호	경제	무역학	
652	유학생	1908	대한학회월보	김윤영	호흡생리	제5, 6, 9호 (3회)	생리위생	생리학	
653	유학생	1908	대한학회월보	편집자	각국 헌법의 연혁 급 연대 참고의 대략	제6호	법	헌법	
654	유학생	1908	대한학회월보	강번	해수의 결빙	제6호	지문	지질학	
655	유학생	1908	대한학회월보	이혁	가축개량의 급무	제6, 9호 (2회)	농업	축산학	
656	유학생	1908	대한학회월보	이대용	동물계의 선과 악	제6, 7, 8호 (3회)	동물		
657	유학생	1908	대한학회월보	환은 역	현금 상업 대세	제6호	경제	상업학	
658	유학생	1908	대한학회월보	이철재	아리사다득리전, 우돈(뉴턴)	제6호	역사	전기	

순번	발행지	연대	학회보명	필자	제목	수록 호수	분야	세분	기타
659	유학생	1908	대한학회월보	편집자	선거법의 종류 급 이익 폐해의 비교	제7, 9호 (2회)	법	선거법	
660	유학생	1908	대한학회월보	편집자	신발명 마병 치료 방법(야마우에)	제7, 8호 (2회)	번역	야마우에	위생학
661	유학생	1908	대한학회월보	이풍재	생리학의 보통 요용	제7호	생리위생	위생학	
662	유학생	1908	대한학회월보	강매	논 서양 윤리학 요의	제8, 9호 (2회)	윤리		
663	유학생	1908	대한학회월보	김재문	잠학설	제8, 9호 (2회)	농업	양잠학	
664	유학생	1908	대한학회월보	한흥교	정치상으로 관한 황백 인종의 지위(라인씨 약설)	제8, 9호 (2회)	정치	정치학	
665	유학생	1908	대한학회월보	이규만	육아법의 주의	제9호	가정	가정교육	
666	유학생	1909	대한흥학보	김수철	가정교육법	제1호	가정	가정교육	
667	유학생	1909	대한흥학보	이혁	가축개량의 급무	제1, 2, 3호 (3회)	농업	축산학	
668	유학생	1909	대한흥학보	노정학	한국 잠업에 대한 의견	제1, 2, 3호 (3회)	농업	양잠학	
669	유학생	1909	대한흥학보	남기윤	경찰 성질의 관념	제1호	정치	경찰학	
670	유학생	1909	대한흥학보	최석하	일본 문명관	제1, 2, 3호 (3회)	역사	일본문명	
671	유학생	1909	대한흥학보	한흥교	정치상으로 관한 황백인종의 지위(라인 씨)	제1호	정치	정치학	
672	유학생	1909	대한흥학보	이승근	경제학의 필요	제2호	경제	경제학	
673	유학생	1909	대한흥학보	김지간	포도재배설	제2호	농업	과수	
674	유학생	1909	대한흥학보	편집인	자치의 모범	제3호	정치	자치제도	
675	유학생	1909	대한흥학보	홍주일	지문학	제3, 4, 5, 6호(4회)	지문	지문학	
676	유학생	1909	대한흥학보	종수생	삼림학	제3호	농업	산림학	

순번	발행지	연대	학회보명	필자	제목	수록 호수	분야	세분	기타
677	유학생	1909	대한흥학보	한흥교	아국 온돌의 이해	제3호	역사	문명사	
678	유학생	1909	대한흥학보	박해원	국가 종류의 대략	제3호	정치	국가학	
679	유학생	1909	대한흥학보	욕우생	원자 분자설	제3호	물리		
680	유학생	1909	대한흥학보	추당 역	표헌하월 씨의 윤리설	제4호	번역	쇼펜하워	윤리학
681	유학생	1909	대한흥학보	최용화	삼림 간접의 효용	제6호	농업	산림학	
682	유학생	1909	대한흥학보	지성윤	소아의 양육법	제8, 9, 11, 12호(4회)	가정	소아양육	
683	유학생	1909	대한흥학보	에스케이생	정치론	제8, 9호 (2회)	정치	정치학	
684	유학생	1909	대한흥학보	소양생 역	효의 관념 변천에 대하여	제9호	번역	이노우에 데츠키로	윤리학
685	유학생	1909	대한흥학보	강원영	위 섭생의 대요	제10, 13호(2회)	생리위생	생리학	
686	유학생	1909	대한흥학보	악예	지리와 인문의 관계	제10, 11호(2회)	지리		
687	유학생	1909	대한흥학보	김상옥	상업 개요	제10, 12호(2회)	경제	상업학	
688	유학생	1909	대한흥학보	이보경	문학의 가치	제11호	문학		
689	유학생	1909	대한흥학보	양재하	삼림의 연구	제11호	농업	산림학	
690	유학생	1909	대한흥학보	려생	지문학 문답	제11호	지문		
691	유학생	1909	대한흥학보	강병옥	위병론	제12호	생리위생	위생학	
692	유학생	1909	대한흥학보	곽한탁	조약개의	제12, 13호(2회)	법	국제법	

2. 일제강점기 잡지 목록

순번	잡지명	간별	판형	성격	연대	창간	폐간	발행 편집인	발행소	소장	비고	영인 현황
1	時兆月報	월	국판	종교	1910년대	1910.10		(발)表求萬 (편)史嚴泰	시조월보사	白	기독교지	
2	時兆	월	46배판	종교	1910년대	1910.10	1944.06	(발)吾璧 (편)禹國華	時兆社	SJ		
3	圓宗雜誌		국판	종교	1910년대	1910.01		金元淳	圓佛教社	白淳		
4	侍天敎月報		국판	종교	1910년대	1911.02	1911.03	丁元燮	侍天敎月報 社	白淳		
5	朝鮮佛敎 月報	월	국판	종교	1910년대	1912.02	1913.08	權相老	朝鮮佛敎月 報社	서·東	1913년 11월 「海東佛敎」로 改題. 其他/延 大, 白淳	
6	學界報	계	국판	회지	1910년대	1912.04 .01		文一平	東京朝鮮留 學生親睦會	延·白		
7	慶北實業 研究會報	월	국판	실업	1910년대	1912(推)		崔奎煥	慶北實業研 究會	白淳	大邱	
8	朝鮮之文化			종합	1910년대	1912			內外評論社	延大		
9	붉은져고리		국판	문예	1910년대	1913.01		崔南善	新文舘	EJ	팜플렛型, 少年 誌의 後身其他 /서울大, 梨大	
10	新文界	월	국판	아동	1910년대	1913.04	1917.03	竹內錄之助	新文社	國·延		
11	法律論講	월	국판	법률	1910년대	1913.06	1915.07	李源生	法律論講社	延·白		
12	아이들보이	월	국판	아동	1910년대	1913.09	1914.08	崔昌善	新文舘	延·白	1930年 12月 13日「太平洋 週報」로 改題	
13	태평양잡지	월		기타	1910년대	1913.09		李承眠	호놀루루	白淳		
14	샛별	월	국판	아동	1910년대	1913.11	1915.01	崔南善	新文舘		少年誌後身으 로 나옴.	
15	經學院雜誌	계	국판	경학	1910년대	1913.05		李人稙	經學院	서·白		

순번	잡지명	간별	판형	성격	연대	창간	폐간	발행 편집인	발행소	소장	비고	영인 현황
16	우리의 가뎡	월	국판	교양	1910년대	1913.12	1914.11	竹內錄之助	新文社	國·서	婦人들을 위한 敎養, 基督敎, 新生活에 關한 啓蒙記事를 主로 取扱. 其他/西江大, 白淳	
17	海東佛敎	월	국판	종교	1910년대	1913.11	1914.06	朴漢永	海東佛敎社	延·白		영인
18	龜岳宗報		국판	기관	1910년대	1914.07	1917.04	丁元燮	侍天敎宗報社	白淳		
19	醫藥月報	월	46배판	의학	1910년대	1914.08		崔麟奎	平壤醫藥講習會	白淳		
20	學之光	계	국판	문예	1910년대	1914.08	1930.04	崔八鏞	學之光社	白淳	東京, 在日 朝鮮 留學生學友會	영인
21	靑年會報	월	국판	종교	1910년대	1914.09	1915	巴樂萬	朝鮮中央基督靑年會	延大		
22	靑春	월	국판	종합	1910년대	1914.10	1918.09	崔南善	新文舘		靑年층을 위한 啓蒙記事와 文學作品으로 많은 影響을 끼침. 李光洙의 참여로 新文學運動의 中心이 됨	영인
23	公道	월	국판	종합	1910년대	1914.11	1915.03	姜邁	公道社	國·白		
24	佛敎振興會月報	월	국판	종교	1910년대	1915.03		李能和	佛敎振興會本部	서·白		
25	侍天敎宗會報	월	국판	종교	1910년대	1915.09	1916.03	李範喆	中央侍天敎會本部	SJ	天道敎誌	
26	法學界	월	국판	법률	1910년대	1915.10	1916.06	崔鎭	法學協會事務所	高·延	其他/白淳	
27	興士團報			독립	1910년대	1915			興士團	SJ	로스앤젤스	
28	近代思潮	월	국판	종합	1910년대	1916.01	1916.02	黃錫禹	近代思潮社	白淳	東京	

순번	잡지명	간별	판형	성격	연대	창간	폐간	발행 편집인	발행소	소장	비고	영인 현황
29	神學世界	계	국판	종교	1910년대	1916.02	1940.08	河鯉泳	監理敎會協	高·延	後期에는 隔月刊으로 變更100餘號까지 나옴. 其他/총회신학대학도서관	
30	朝鮮佛敎界	월	국판	종교	1910년대	1916.04	1916.06	李能和	佛敎振興會本部	東·白		
31	東西醫學報			의학	1910년대	1916.06	1917.04	(發)金光淳	東西醫學報社	白淳		
32	敎會指南		국판	종교	1910년대	1916.07	1928	(發)吳璧	時兆社	白淳		
33	至氣今至	월	국판	종교	1910년대	1917.02		李顯基	侍天敎宗務本部	白淳		
34	朝鮮正敎報		국판	종교	1910년대	1917.02		巴禹	露國正	SJ		
35	朝鮮佛敎叢報	월	국판	종교	1910년대	1917.03	1935	李能和	二十本山聯合事務所	延·白		
36	朝鮮文藝	월	국판	문예	1910년대	1917.04		戾永年	朝鮮文藝社	延·西	其他/白淳	
37	靑年	월	국판	교양	1910년대	1917.09	1937.03	洪秉璇	靑年雜誌社	高·延	朝鮮 基督敎 靑年會 聯合會 機關誌	
38	基督敎靑年	월2		종교	1910년대	1917.11	1923.01		日本 朝鮮留學生基督靑年會	白淳	1920年 1月16號부터 「現代」로 改題. 1935年부터 「福音」으로 改題	
39	主日學校研究	격월	국판	종교	1910년대	1918.01		韓錫源	主日學校研究社	延大		
40	聖經雜誌	격월	국판	종교	1910년대	1918.02		(發)班禹巨 (編)奇一	朝鮮耶蘇敎書會	韓神	發行·編輯人 모두 英國人. 其他/延大, 白淳	
41	神學指南	계	국판	종교	1910년대	1918.03	1940.10	(發)郭安連 (編)王吉志	朝鮮耶蘇敎書會	長神	其他/延大, 白淳	
42	惟心	월	국판	교양	1910년대	1918.09	1918.12	韓龍雲	惟心社	延·白		

순번	잡지명	간별	판형	성격	연대	창간	폐간	발행 편집인	발행소	소장	비고	영인 현황
43	泰西文藝 新報	주		문예	1910년대	1918.09	1919.02	長斗澈	泰西文藝新 報社	白鐵	우리나라 最初의 純文藝週刊誌. 國內의 創作發表, 外國文學의 飜譯紹介로 文壇에 크게 寄與함.	
44	培材學報	년2	국판	교지	1910년대	1918.10		陸宗洙	培材學報社	延大		
45	京城法學專 門學校校友 會報		국판	회지	1910년대	1918.12	1927.02		京城法學專 門學校校友 會	延·白		
46	宣敎百年 紀念會誌	월	四	종교	1910년대	1919.01		許雅各梁柱 三	南監理敎會	白淳		
47	選民	월	국판	종교	1910년대	1919.01		姜邁	選民社	延大	基督敎誌	
48	少年韓國			기타	1910년대	1919.01		박진섭	오하이오 콜 롬버스 韓國 學生聯合會	SJ	英 文 名 : YoungKorea	
49	學友		국판	회지	1910년대	1919.01			韓國人基督 敎靑年會	延大	京都帝國大學	
50	三光	월	국판	문예	1910년대	1919.02		洪永厚	三光社	서·延		
51	創造	월	국판	문예	1910년대	1919.02	1921.05	金東仁	創造社	延·白	在東京留學生樂友會에서 刊行, 文學成長에 공이 큼. 東京, 韓國最初의 純文藝誌. 三一運動以後부터 國內에서 續刊, 주요한, 田榮澤同人으로 참가. 國語體文章의 確立, 寫實文學의 建設, 文學批評의 崩芽오서의 功績이 큼.	영인
52	朝鮮靑年	월	국판	회지	1910년대	1919.08	1942	巴樂萬	京城 YMCA	서·延		

순번	잡지명	간별	판형	성격	연대	창간	폐간	발행 편집인	발행소	소장	비고	영인 현황
53	韓國公論			시사	1910년대	1919.08	1921.12	서재필	필라델피아 大韓民國臨 政通信部	SJ		
54	綠星	월	국판	문예	1910년대	1919.11		方定煥	綠星社	서·白		
55	曙光	월	국판	종합	1910년대	1919.11	1921	(發)李秉祚	文興社	延·白		
56	서울	월	국판	종합	1910년대	1919.12	1920.12	張道斌	漢城圖書株 式會社	國·延	道德, 習俗制度, 藝術 및 經濟 를 다룸. 其他/ 白淳	
57	新半島			기타	1910년대	1919 (推)		(發)吳宗燮 (편)변영로		白淳	2卷6號부터 新民公論으로 改題	
58	現代	월	국판	종합	1920년대	1920.01	1044.08	白南薰	朝鮮基督靑 年會	서·白	基督靑年이 16號부터 改題한 것.	
59	修養		국판	문예	1920년대	1920.01		(發)高敬相	廣益書舘	白淳		
60	世光	월	46배판	종교	1920년대	1920.01		都瑪蓮	世光雜誌社	吳漢	基督敎誌	
61	鷲山寶林	월	국판	종교	1920년대	1920.01	1920.10	李鍾天	梁山通度寺 內	白淳	佛敎誌	
62	女子時論	월	국판	여성	1920년대	1920.01	1921	李良傳	女子時論社	高·延	日本橫濱其他 /서울大	
63	新女子	월	국판	여성	1920년대	1920.03	1920.05	벨링스夫人	新女子社	高·延	其他/白淳	
64	麗光	월	국판	문예	1920년대	1920.04		禹觀享	麗光社	白淳	開城	
65	槿花		국판	문예	1920년대	1920.04		金鳳杓	槿花社	延大		
66	大東斯文 會報		국판	종교	1920년대	1920.04		崔永斗	大東斯文會	白淳		
67	文友		국판	문예	1920년대	1920.05		李秉祚	文興社	白淳		

순번	잡지명	간별	판형	성격	연대	창간	폐간	발행편집인	발행소	소장	비고	영인현황
68	開闢	월	국판	종합	1920년대	1920.05	1926.08	(發)李斗星 (편)이돈화	開闢社	高·延	天道敎에서 發行한 韓國最初의 本格的인 綜合誌	영인
69	學生界	월	국판	종합	1920년대	1920.07		吳天錫	漢城圖書株式會社	서·延		
70	廢墟		국판	문예	1920년대	1920.07	1921.01	高敬相	廢墟社	延·西	純文學同人誌	영인
71	共濟	월	국판	회지	1920년대	1920.09	1920.01	趙誠悙	朝鮮勞動共濟會	高·延		
72	工友	계	46배판	공업	1920년대	1920.10		崔宗煥	共友俱部	서·延		
73	새동무	월	국판	아동	1920년대	1920.11		(發)양재기	活文社	白淳		
74	普惠月報			의약	1920년대	1920		具稷書		SJ		
75	學生之友	월	국판	교양	1920년대	1920		朴永鎭	學生之友社	SJ		
76	會心	월		회지	1920년대	1920			朝鮮殖産銀行行友會	延大		
77	儒道	월	국판	회지	1920년대	1921.02	1925.01	尹弼孔	儒道振興會	延·白		
78	音樂과 文學	월	국판	문예	1920년대	1921.02			樂友社	白淳	東京留學生의 音樂專門誌	
79	我聲	월	국판	종합	1920년대	1921.03	1921.10	安廓	朝鮮靑年會聯合會	國·高	新文化의 硏究와 批評	
80	大衆時報	월	국판	사상	1920년대	1921.04	1921.09	金若水	大衆時報社	白淳	東京社會主義	
81	晨鷄	월	국판	가정	1920년대	1921.04			南鮮文藝社	EJ	江景	
82	동무	월		사상	1920년대	1921.04	1923.03	이사렴	勞動社會改進黨	SJ	로스앤젤스	
83	啓明	월	국판	종합	1920년대	1921.05	1933.01	南相一	啓明俱樂部	高·延	19號부터 發行·編輯沈 友燮	

순번	잡지명	간별	판형	성격	연대	창간	폐간	발행 편집인	발행소	소장	비고	영인 현황
84	新民公論	월	국판	종합	1920년대	1921.05	1923	(發)尹芮彬 (편)변영로	新民公論社	國·延	新半島의 後身, 주로 漢文, 文學成長에 공로가 큼.	
85	薔薇村	월	四	문예	1920년대	1921.05		(發)黃錫禹 (편)변영로	薔薇村社	延·白	韓國最初의 詩 專門誌 黃錫禹, 卞榮魯, 盧子泳, 朴鍾和, 朴英熙 등이 同人으로 刊行. 白潮誌의 前身的役割을 함.	영인
86	樂園	월	국판	문예	1920년대	1921.06		尹邦鉉	樂園社	서大		
87	新家庭	월	국판	여성	1920년대	1921.07		벨닝스 夫人	新家庭社	國·서		
88	新靑年	월	국판	종합	1920년대	1921.07		李鼎燮	靑年俱樂部	白淳		
89	半島之光	월	국판	종합	1920년대	1921.09		(發)李仁植	朝鮮取蘇敎書會	서·白	平壤神學校學友會에서 냄.	
90	中央校友會報	계	국판	교지	1920년대	1921.09		韓基岳	中央校友會	延·白		
91	書畫協會報		46배판	미술	1920년대	1921.10		洪邦鉉	書畫協會	延·白		
92	檀鐸	월	국판	종합	1920년대	1921.11		鄭薰謨	檀鐸社	延·白		
93	大東			독립	1920년대	1921(推)			天津	SJ		
94	東亞靑年			공산	1920년대	1921			上海	SJ		
95	新大韓			독립	1920년대	1921(推)			上海	SJ		
96	新生活			공산	1920년대	1921(推)			上海	SJ		
97	新韓靑年			공산	1920년대	1921(推)			中國	SJ		
98	自由			공산	1920년대	1921			上海	SJ		
99	赤旗			공산	1920년대	1921			시베리아	SJ		

순번	잡지명	간별	판형	성격	연대	창간	폐간	발행 편집인	발행소	소장	비고	영인 현황
100	震檀			독립	1920년대	1921			上海	SJ		
101	白潮	월	국판	문예	1920년대	1922.01	1923.09	(發)아펜셀라, 홍사용	文化社	延·白	初期浪漫主義文學運動의 中軸的 역할을 함. 同人은 洪思容, 盧子泳, 朴鍾和, 羅彬, 李相和, 李光洙, 朴英熙, 玄鎭健 등.	영인
102	松都同窓會報	不定	국판	회지	1920년대	1922.01		A.W.왓슨	松都同窓會	白淳		
103	前進	월	국판	종합	1920년대	1922.03		卞熙鎔	前進社	白淳	東京	
104	新生活	旬	국판	종합	1920년대	1922.03	1922.09	白雅悳	新生活社	國·高	其他/延大, 西江大, 白淳	
105	新天地		국판	문예	1920년대	1922.03		吳三悳	新天地社	白淳	1923年9月 朴濟鎬氏 筆禍事件으로 廢刊, 1924年 5月26日 金根培氏 出資로 續刊	
106	時事評論	월	국판	문예	1920년대	1922.04	1928.01	金尙會	時事評論社	高·國		
107	延禧	년	국판	교지	1920년대	1922.05	1931.12	(發)白牙悳	延專學生會智育部	延·白		
108	가정잡지	월	국판	여성	1920년대	1922.05		沈相玟	家庭雜誌社	延·白	東京	
109	婦人	월	국판	여성	1920년대	1922.06	1923.09	李敦化	開闢社	서·白	「新女性」으로 改題	영인
110	共榮	월	국판	종합	1920년대	1922.07	1923.06	鮮于■	共榮雜誌社	國·延	平壤, 其他/白淳	
111	普天敎譜		46배판	종교	1920년대	1922.07		李昊祥	普天敎鎭正院	SJ		
112	갈돕	계	국판	회지	1920년대	1922.08		崔鉉	朝鮮苦學生갈돕會	서·白		

순번	잡지명	간별	판형	성격	연대	창간	폐간	발행편집인	발행소	소장	비고	영인현황
113	女子界	년3	국판	여성	1920년대	1922.08	1923.01	劉英俊	女子界社	高·延	東京茶の水高師女子留學生들이 春, 夏, 冬期放學을 利用하여 刊行한 것	
114	靈友			종교	1920년대	1922.08		李顯奎	侍天敎靑年會	SJ		
115	東明	週	T	종합	1920년대	1922.09	1923.06	崔南善	東明社	高·白	文學成長에 많은 功獻을 함. 1923年 7月에 「時代日報」로 바뀜.	
116	崇實學報		국판	교지	1920년대	1922.09		金仁俊	平壤崇實學校	SJ		
117	崇實活泉		국판	회지	1920년대	1922.09		尹山溫	平壤崇實學校 YMCA	延·白		
118	今至		국판	기타	1920년대	1922.10	1922.12	李顯奎	今至社	白淳		
119	朝鮮之光	月	국판	종합	1920년대	1922.11	1930.11	張道斌	朝鮮之光社	國·高	其他/延大, 白淳	영인
120	배재		국판	회지	1920년대	1922.11		亞扁薛羅	培材學生靑年會	延·白		
121	玉童子		국판	아동	1920년대	1922.11		尹致昭	齊洞公立普通學校後援會	白淳	한글 研究誌	
122	倍達公論			독립	1920년대	1922(推)			中國	SJ		
123	焰群	月		기타	1920년대	1922		李浩	焰群社	EJ	出處: 東亞日報 第1285號 (1924年 3月 5日字)	
124	徽文	월	국판	교지	1920년대	1923.01	1940.12		徽文高普學藝部	서·白		
125	學友會報		국판	교지	1920년대	1923.01		郭安遠	朝鮮長老會神學校	白淳		

순번	잡지명	간별	판형	성격	연대	창간	폐간	발행 편집인	발행소	소장	비고	영인현황
126	商工世界	월	46배판	종합	1920년대	1923.02		玄僖運	商工世界社	延·白		
127	婦人界	월	T	여성	1920년대	1923.02		伊膝卯三郞	婦人界社		金允經博士所藏	
128	어린이	월	46배판	아동	1920년대	1923.03	1931.02	方定煥	開闢社	高·延	天道敎少年會에서 刊行	영인
129	뢰네쌍스	월		문예	1920년대	1923.04			朝鮮文人會	白淳		
130	園藝之友	격월	국판	기타	1920년대	1923.04		朴熙秉	園藝之友社	延大		
131	藝苑	월	국판	문예	1920년대	1923.05		尹白南	藝苑社	SJ	出處: 東亞日報 第958號(1923年4月13日)	
132	젊은이	월	국판	기타	1920년대	1923.06	1923.08		東京基督靑年會	白淳		
133	彰明		국판	기관	1920년대	1923.07		高彦柱	全南儒道彰明會	延大	光州	
134	新生命	월	국판	종교	1920년대	1923.07	1925.10	君芮彬	朝鮮基督敎彰文社	서·延	基督敎的인 主題로 敎會 및 社會諸問題를 다룸.	
135	新少年	월	국판	아동	1920년대	1923.10	1933.04	(編)金甲濟	新少年社	高·延	其他/白淳	
136	農民	월	국판	종합	1920년대	1923.10		蔡基斗	農民社	延·白	당시 文學成長에 크게 寄與함.	영인
137	新女性	월	국판	여성	1920년대	1923.10	1934.04	朴達成	開闢社	國·高		영인
138	金星	월	국판	문예	1920년대	1923.11	1924.05	柳春燮	金星社	延·白	準文藝誌, 民族主義的인 色彩를 띄우고 梁柱東, 孫晋泰, 柳葉 등이 同人.	
139	産業界	월	국판	산업	1920년대	1923.11		兪星濬	朝鮮物産奬勵會	高·延		

순번	잡지명	간별	판형	성격	연대	창간	폐간	발행 편집인	발행소	소장	비고	영인 현황
140	東西醫學 研究會月報	월	국판	회지	1920년대	1923.12		韓鳳熙	東西醫學研 究會	서·白		
141	文藝復興			문예	1920년대	1923(推)				EJ	東亞日報 第1566號(19 24年2月12日) 참조.	
142	文友		국판	문예	1920년대	1923			京城帝國大 豫科文友會	延·白	京城帝大全朝 鮮人學生으로 組織된 文友會 會誌	
143	上海庸言			독립	1920년대	1923(推)			上海	SJ		
144	샛별			아동	1920년대	1923		朴弘根	開城	EJ		
145	先鋒			공산	1920년대	1923(推)			카바로브스 크	SJ		
146	崇實		국판	교지	1920년대	1923	1928.06	牟義理	平壤崇實專 門學校	延大		
147	活泉	월		종교	1920년대	1923	1941		東洋宣敎會 活泉雜誌社	西·延		
148	愛		국판	문예	1920년대	1924.01		鄭壽榮	以文堂	延·白	文藝評論	
149	廢墟以後	월	국판	문예	1920년대	1924.01		廉想涉	廢墟以後社	高·延	其他/白淳	
150	性愛	월	국판	오락	1920년대	1924.03		尹石重	性愛社	白淳		
151	東光	월	국판	기관	1920년대	1924.03		李光秀	全州李氏大 同宗約所	白淳		영인
152	어린벗	월	국판	아동	1920년대	1924.06		延星欽	어린벗社	白淳	프린트版	
153	婦女之光	월	국판	여성	1920년대	1924.07		徐成烈	改湖社	高·延	其他/白淳	
154	佛敎		국판	종교	1920년대	1924.07	1933.07	權相老	佛敎社	東·延	108號로 終刊, 休刊 三年昭和 12年 3月1日 에 續刊 19號 까지 내고 다시 休刊	영인

순번	잡지명	간별	판형	성격	연대	창간	폐간	발행 편집인	발행소	소장	비고	영인 현황
155	佛日	월	국판	종교	1920년대	1924.07		金世瑛	佛日社	高·延		
156	靈臺	월	국판	문예	1920년대	1924.08	1925.01	朴長和	靈臺社	延·서		영인
157	朝鮮文壇	월	국판	문예	1920년대	1924.09	1936.06	方仁根 이광수	朝鮮文壇社	서·延	1927年에 中斷, 1935年 2月에 續刊. 方仁根氏個人出資와 編輯으로 經營. 韓國最初의 純文藝誌, 李光洙, 田榮澤, 주요한 등이 文藝面을 담당.	영인
158	朝鮮體育界		국판	체육	1920년대	1924.10	1925.02	鮮于全	朝鮮體育社	延·白		
159	詩村		국판	문예	1920년대	1924.10		宋鶴淳	詩村社	서大		
160	暮鐘		국판	문예	1920년대	1924.11		金石鎭	暮鐘文藝社	白淳		
161	新知識	월	국판	학습	1920년대	1924.12	1925.02	白基萬	朝鮮通信中學館	延·白		
162	警鍾			독립	1920년대	1924(推)			中國興京縣	SJ		
163	群聲			공산	1920년대	1924(推)			러시아	SJ		
164	極光			공산	1920년대	1924(推)			上海	SJ		
165	勞動運動			공산	1920년대	1924(推)			吉林	SJ		
166	勞動著			공산	1920년대	1924(推)			러시아치타	SJ		
167	獨立運動			사상	1920년대	1924			上海	白淳	共産主義와 獨立運動	
168	同友		국판	사상	1920년대	1924			吉林	白淳	社會主義 및 獨立運動. 프린트版	
169	文化			공산	1920년대	1924(推)			우라지보스톡	SJ		
170	副業世界			실업	1920년대	1924			副業世界社	延大		

순번	잡지명	간별	판형	성격	연대	창간	폐간	발행 편집인	발행소	소장	비고	영인 현황
171	相助			기타	1920년대	1924		李載禹	相助文藝社	延大		
172	上海少年			기타	1920년대	1924			上海	白淳		
173	先驅			공산	1920년대	1924(推)				SJ		
174	新光			공산	1920년대	1924(推)			北京	SJ		
175	新人物			독립	1920년대	1924(推)			北京	SJ		
176	新韓國			독립	1920년대	1924			호놀루루	SJ	「少年韓國」 참조	
177	埀鼓			공산	1920년대	1924			吉林	SJ		
178	若聲			기타	1920년대	1924(推)				EJ	東亞日報 第1452號 (1924年) 참조.	
179	正報			공산	1920년대	1924			上海, 天津	SJ		
180	正義公報			독립	1920년대	1924			南京	SJ		
181	主日學校 新誌	월	국판	종교	1920년대	1924(推)				白淳		
182	振興	월	국판	계몽	1920년대	1924(推)		李覺鍾	新民社	白淳	農村啓蒙誌 (新民附錄)	
183	鬪報			공산	1920년대	1924			天津佛租界	SJ		
184	荒野			독립	1920년대	1924			北京	SJ		
185	生長	월	국판	종합	1920년대	1925.01	1925,05	金炯元	生長社	延·白		
186	思想運動	월	국판	사상	1920년대	1925.03	1925.08	李如星	思想運動社	延·白	東京留學生李 如星, 安光泉 등 이 發行. 社會 主義思想硏究 誌	
187	松友		국판	회지	1920년대	1925.04		申愛道	松都高普	白淳		

순번	잡지명	간별	판형	성격	연대	창간	폐간	발행 편집인	발행소	소장	비고	영인 현황
188	普聲	월	국판	학술	1920년대	1925.05		(發)高橋昊	普聲社	高·延	其他/白淳	
189	檀山時報	격주		사상	1920년대	1925.05		강영희	하와이	SJ		
190	새벗	월	四	아동	1920년대	1925.05		鄭鉉國	새벗社	延·白		
191	新民	月	국판	종합	1920년대	1925.05	1931.09	李覺鍾	新民社	國·서	農民을 위한 綜合誌	영인
192	新進少年		46배판	아동	1920년대	1925.05		朴埈均	新進少年社	延·大		
193	黎明	월	국판	종합	1920년대	1925.05	1926	權泰均	黎明社	延白	學術, 農村, 一般社會, 文藝를 다룸. 廉想涉, 羅彬, 吳相淳, 盧子泳, 玄鎮健, 卞榮魯, 朴鍾和 등이 同人	
194	神學報	월	국판	종교	1920년대	1925.07				白淳		
195	申通	월	국판	종합	1920년대	1925.07		申鉉九	申通社	서·延		
196	音樂界	월	국판	문예	1920년대	1925.07		洪蘭坡	研樂會	白淳		
197	少年時代	격월	국판	아동	1920년대	1925.08		金鎮泰	少年時代社	서大		
198	眞生	월	국판	종교	1920년대	1925.09		安大善	基督靑年勉勵會朝鮮聯合會	延·白		
199	우라끼		국판	회지	1920년대	1925.09	1936.09	吳天錫	시카고大學校韓國學生聯盟	延·白	美國留學生들이 發刊. 社會科學部門을 金度演, 敎育部門, 金活蘭 종교, 哲學部門柳瀅基, 文藝部門吳天錫, 自然科學部門張世雲, 記事는 黃昌夏 등이 맡았다.	
200	新興靑年	월	46배판	종합	1920년대	1925.11		李憲	東京新興靑年社	白淳		

순번	잡지명	간별	판형	성격	연대	창간	폐간	발행 편집인	발행소	소장	비고	영인 현황
201	讀書界			교양	1920년대	1925.11			文學研究士	EJ		
202	假免			문예	1920년대	1925.11	1926.07	金億		SJ	詩歌中心의 文 藝誌	
203	協成		국판	회지	1920년대	1925.12		朴玄寰	協成學校同 窓會	서大		
204	文明	월	국판	과학	1920년대	1925.12		金昌權	科學通信士	高·白		
205	曉鍾	월	국판	문예	1920년대	1925.12		白松溪	白光社	延·白		
206	炬火			기타	1920년대	1925(推)		尹滋瑛	上海	EJ	東亞日報 第1656號 (1925年3月1 1日字) 참조	
207	共産			공산	1920년대	1925(推)			上海	SJ		
208	導報			사상	1920년대	1925			北京	SJ	獨立 및 共産 主義	
209	民聲報	월		기타	1920년대	1925(推)			間島, 龍井	SJ		
210	民言			공산	1920년대	1925(推)			러시아	SJ		
211	佛敎			종교	1920년대	1925		權相老	佛敎社	東大		
212	思想			기타	1920년대	1925		元鍾麟		EJ	東亞日報 第1669號 (1925年3月2 4日) 참조	
213	上海週刊			독립	1920년대	1925(推)			上海	SJ		
214	上海評論			독립	1920년대	1925(推)			上海	SJ		
215	새로운길			공산	1920년대	1925(推)			天津	SJ		
216	새소리			기타	1920년대	1925(推)		盧永鎬		SJ		
217	鮮明			아동	1920년대	1925				白淳		
218	旬刊霹靂			공산	1920년대	1925(推)			天津	SJ		

순번	잡지명	간별	판형	성격	연대	창간	폐간	발행편집인	발행소	소장	비고	영인현황
219	詩壇			공산	1920년대	1925(推)			北京	SJ		
220	新經濟			기타	1920년대	1925(推)				EJ		
221	反日鬪爭			공산	1920년대	1925(推)			滿洲	SJ		
222	戰鼓			독립	1920년대	1925(推)			重慶朝鮮義勇隊		「조선의용대통신」으로 改題	
223	前衛			공산	1920년대	1925			北京	SJ		
224	쥬일세계	월		종교	1920년대	1925			쥬일세계사	延大		
225	화전민	월		사상	1920년대	1925(推)			朝鮮民族解放同盟	SJ	滿洲共産主義	
226	學園			기타	1920년대	1925(推)			愛友少年學友會	EJ	東亞日報 第2296號 (1927年1月25日) 참조	
227	革命			사상	1920년대	1925			北京	SJ	獨立 및 共産主義	
228	敎育硏究		국판	교육	1920년대	1926.01	1928.03	秦長燮	在日本朝鮮敎育硏究會	高·延	東京	
229	時鍾	월	국판	종합	1920년대	1926.01	1926.02	金世元	時鍾社	延·白	普專學生會文藝部發行	
230	朝鮮敎育	계	국판	교육	1920년대	1926.01		(發)申鉉吉	朝鮮敎育硏究會	白淳	東京	
231	文藝運動	월	국판	문예	1920년대	1926.02		梁大宗	白熱社	延大	카프 機關誌	
232	新社會	월	국판	종합	1920년대	1926.02		金炯俊	新社會社	서·西	其他/白淳	
233	圓明	월	국판	종합	1920년대	1926.02		李正世	圓明社	白淳	關聖敎機關誌	
234	使命	격월	국판	종교	1920년대	1926.03		崔承萬	在日本東京朝鮮基督靑年會	延·白		

순번	잡지명	간별	판형	성격	연대	창간	폐간	발행 편집인	발행소	소장	비고	영인 현황
235	아희생활	월	46배판	아동	1920년대	1926.03	1944.01	韓錫源	아희생활社	高·延	其他/西江大, 白淳	
236	新人間	월	국판	종합	1920년대	1926.04	1945.01	李敦化	新人間社	國·高	文學成長에 功 勞가 큼. 1955 年에 復刊. 其 他/西江大基 督敎誌	
237	收穫運動	월	四	종교	1920년대	1926.04		(發)表萬來	時兆社	白淳		
238	農村		국판	계몽	1920년대	1926.04		徐相日	農村社	延·大	大邱	
239	東光	월	국판	종합	1920년대	1926.05	1932.11	朱耀翰	東光社	서·高	文學, 政治, 社 會에 關한 論 文을 실음.	
240	별나라	월	四	아동	1920년대	1926.06	1934.12	安俊植	별나라社	延·白	1945年 12月 續刊	
241	學潮	년2	국판	종합	1920년대	1926.06		金哲鎭	京都學友會	서·延		
242	영데이(The Young Day)	월	46배판	아동	1920년대	1926.06		崔相鉉	영데이社	延大		
243	日東타임스	월	46배판	기관	1920년대	1926.07		李瑞求	日東 타임 스社	西·白		
244	咸安	월	국판	회지	1920년대	1926.07		(發)申明均	咸安學友會	白淳		
245	燈臺	월	국판	종교	1920년대	1926.07	1930.09	牟義理	燈臺社	延·白	平壤, 基督敎	
246	運動界			체육	1920년대	1926.08			朝鮮運動界 社	EJ		
247	平凡	월	국판	종합	1920년대	1926.08	1926.09	許永鎬	平凡社	延·大	東萊	
248	活婦女	월	국판	여성	1920년대	1926.09	1927.03	金順福	活婦女社友 會	延·白		
249	朝鮮農民	월	국판	농업	1920년대	1926.09	1929.12	李敦化	朝鮮農民社	延·西	其他/白淳	영인
250	衛生과化粧	월	46배판	대중	1920년대	1926.10		姜昊	回春社	白淳		

순번	잡지명	간별	판형	성격	연대	창간	폐간	발행 편집인	발행소	소장	비고	영인 현황
251	別乾坤	월	국판	종합	1920년대	1926.11	1934.05	李乙	開闢社	高·서	4號부터 發行·編輯人車相瓚. 其他/白淳	영인
252	詩壇	계	四	문예	1920년대	1926.11		洪祐遠	大東詩壇	白淳	漢詩誌	
253	文藝時代	월	국판	문예	1920년대	1926.11	1927.11	(發)李觀熙	文藝時代社	延·白		
254	高麗靑年			사상	1920년대	1926(推)			北京	SJ	抗日 및 共産主義	
255	勞力靑年			사상	1920년대	1926(推)			吉林寧多縣	SJ	獨立과 共産主義	
256	農軍			공산	1920년대	1926(推)			北滿	SJ		
257	渡頭			사상	1920년대	1929			北京	SJ	共産主義 및 獨立運動	
258	獨立精神			독립	1920년대	1926			上海	SJ		
259	同盟			사상	1920년대	1926			上海, 靑年同盟會	EJ	東亞日報 第1396號 (1924年6月24日) 참조	
260	大衆運動			기타	1920년대	1926(推)			大衆運動社	EJ	東亞日報 第1977號 (1926年1月26日) 참조	
261	無産者	월	국판	사상	1920년대	1926(推)		林和	無産者社		東京, 社會主義運動	
262	少年界	월	四	아동	1920년대	1926		崔榮澤		白淳		
263	女子解放			공산	1920년대	1926			上海	SJ		
264	引導			독립	1920년대	1926				SJ		
265	赤衛			공산	1920년대	1926			東京	SJ		
266	學軍			공산	1920년대	1926			上海	SJ		

순번	잡지명	간별	판형	성격	연대	창간	폐간	발행 편집인	발행소	소장	비고	영인 현황
267	革命靑年			독립	1920년대	1926			中國	SJ		
268	血潮			공산	1920년대	1926			中國	SJ		
269	華東學友			기타	1920년대	1926			上海	SJ	獨立 및 共産主義	
270	火焰			사상	1920년대	1926			上海	SJ	左翼運動	
271	火葬			사상	1920년대	1926			할빈	SJ	獨立 및 共産主義	
272	長恨	월	국판	교양	1920년대	1927.01		金寶貝	長恨社	延·白	妓生雜誌	
273	現代評論	월	국판	문예	1920년대	1927.01	1928.01	河駿錫	現代評論社	高·서	其他/延大, 白淳	
274	同聲	격월	국판	문예	1920년대	1927.01		張準錫	同聲社	延大	東京, 프린트版	
275	習作時代	월	국판	문예	1920년대	1927.02		秦雨村	習作時代社	延·白	仁川, 同人: 廉 根守, 劉道順, 金道仁, 秦雨村, 朴茂枝, 韓亨澤, 嚴興燮	
276	한글	월	국판	학술	1920년대	1927.02	1928.01	申明均	新少年社	白淳	동인지	영인
277	桂友		국판	회지	1920년대	1927.03		權惠奎	中央高等普 通學校同窓 會	延·白		
278	백합화		국판	여성	1920년대	1927.03		H.틴슬레	백합화社	서·白	協成女子神學 校 學生基督靑 年會 文藝部 發 行	
279	婦女世界	월	국판	여성	1920년대	1927.04	1932.03	申鉉九	婦女世界社	高·서		
280	奮鬪	월	국판	노농· 농민	1920년대	1927.04		董世顯	火光社	延大	因襲打破, 科學思想, 文盲退治運動	
281	勞動運動	월	국판	사상	1920년대	1927.04		姜禹	勞動運動社	高·白	社會主義運動	

순번	잡지명	간별	판형	성격	연대	창간	폐간	발행 편집인	발행소	소장	비고	영인 현황
282	光成			회지	1920년대	1927.05	1938.03		光成商業同 窓會	SJ		
283	少年新報	월	국판	아동	1920년대	1927.06			朝鮮少年新 報社	白淳		
284	實業	월	국판	실업	1920년대	1927.06		閔杰	實業社	서·延		
285	됴션농인		46배판	종합	1920년대	1927.06		姜仁澤	朝鮮農人社	延·白	2號부터 菊版	
286	聖書講臺	월	국판	종교	1920년대	1927.07		金聖與	聖書講臺社	延·白	安州, 基督誌	
287	느릅나무			기타	1920년대	1927.07		黃錫禹	長春	白淳	「흘러간 星座」 1卷 p.355	
288	聖書朝鮮	계	국판	종교	1920년대	1927.07	1942.03	柳錫東	聖書朝鮮社	延·西	無敎會主義信 仰同人誌 1930年 6月15日 發行·編輯·印 刷人金敎臣으 로 變更	
289	小女界	월	四	아동	1920년대	1927.07		崔榮澤		白淳		
290	自活	월	·	기관	1920년대	1927.07		明濟世	朝鮮物産 獎勵會	延·白	啓蒙誌	
291	新生	월	46배판	종교	1920년대	1927.10	1934.01	(發)金炤	新生社	서·延	基督敎. 其他/ 白淳	
292	學窓	월	四	아동	1920년대	1927.10		閔大鎬	學窓社	延·白		
293	高敞高普 學友會報	년	국판	교지	1920년대	1927.10		李㴗	高敞高普學 友會	白淳		
294	東學之光	격월	국판	기타	1920년대	1927.11		金亨俊	東學之光社	白淳	東京, 天道敎靑 年黨東京支部	
295	藝術運動			문예	1920년대	1927.11		金斗鎔	朝鮮年素人 藝術同盟東 京支部	白淳		
296	思潮	월	국판	종합	1920년대	1927.12		金永祺	開成螢雪社	서·延	其他/白淳	

순번	잡지명	간별	판형	성격	연대	창간	폐간	발행 편집인	발행소	소장	비고	영인 현황
297	薔薇		46배판	아동	1920년대	1927.12		池乙順	薔薇社	延大		
298	經濟硏究	년3	국판	학술	1920년대	1927.12	1932.06	鄭鎭采	延禧專門學校經濟硏究會	延·白		
299	一新			회지	1920년대	1927.12			一新女子高等普通學校校友會	EJ	延禧春秋 第6號(1953.10.15) 參照	
300	開拓			기타	1920년대	1927(推)		吳天錫	開拓社	SJ	仁川	
301	墾民學報			공산	1920년대	1927			中國局子街	SJ		
302	農民運動			공산	1920년대	1927(推)			滿洲	SJ		
303	農村靑年			공산	1920년대	1927(推)			吉林	SJ		
304	燈臺			독립	1920년대	1927			吉林	SJ		
305	民衆			공산	1920년대	1927(推)				SJ		
306	新發明	월		과학	1920년대	1927			朝鮮發明協會	延大		
307	新友週報			공산	1920년대	1927(推)			吉林	SJ	共産主義와 獨立運動	
308	新興科學			기관	1920년대	1927			東京	SJ		
309	醇和會報			회지	1920년대	1927			京城師範學校醇化會	延大		
310	理論鬪爭	월	국판	사상	1920년대	1927				白淳	社會主義運動家. 7, 8號까지 東京에서 發行	
311	赤拳			독립	1920년대	1927			北京	SJ		
312	韓光			독립	1920년대	1927				SJ		

순번	잡지명	간별	판형	성격	연대	창간	폐간	발행 편집인	발행소	소장	비고	영인 현황
313	키네마			기타	1920년대	1927(推)				EJ	東亞日報 第2280號 (1927年1月9 日) 참조	
314	士官			종교	1920년대	1927			救世軍	延大		
315	海外文學		국판	문예	1920년대	1927	1927.07	鄭寅燮	外國文學硏 究會(東京)	延·白	日本留學生이 던 金晋燮, 李 瑄根, 鄭寅燮, 異河潤, 李軒求, 金珖燮, 張起悌 등이 參與한 우 리나라 最初의 本格的外國文 學紹介誌	
316	革命運動			사상	1920년대	1927			廣東	SJ		
317	革命의 길			사상	1920년대	1927			南京	SJ		
318	血靑年			독립	1920년대	1927			北滿	SJ		
319	한빛	월	국판	종합	1920년대	1928.01	1928.07	李灝	한빛社	國·延	其他/白淳	
320	白雉	월		문예	1920년대	1928.01	1928.08	洪鍾仁	白雉社	白淳	平壤	
321	少年朝鮮	월	46배판	아동	1920년대	1928.01	1929.01	崔貞順	少年朝鮮社	延大		
322	白熊		국판	문예	1920년대	1928.02		尹相甲	白熊社	延·白	公州	
323	梨花	년	국판	교지	1920년대	1928.02		朴謙淑	梨花女子專 門學校學生 基督敎靑年 會文藝部	梨·延	其他/西江大, 白淳	
324	節制生活	격월	국판	계몽	1920년대	1928.02	1928.04	吳基善	節制生活社	延·白	平壤, 禁酒, 斷 煙運動	
325	朝鮮運動		국판	사상	1920년대	1928.02				白淳	社會主義運動	
326	文藝映畵	월	국판	문예	1920년대	1928.03		(發)崔湖東	文藝映畵社	서·白	平壤	
327	生의 聲	월	국판	문예	1920년대	1928.03	1928.06	金泰化	生의 聲社	서·延	黃州	

순번	잡지명	간별	판형	성격	연대	창간	폐간	발행 편집인	발행소	소장	비고	영인 현황
328	而習		국판	문예	1920년대	1928.03		田口貢	普成高普而 習會文藝部	서大		
329	現代婦人	월	국판	여성	1920년대	1928.04		方仁根	現代婦人社	서·延	其他/白淳	
330	自力	월	국판	종합	1920년대	1928.05		安熙濟	自力社	國·延	其他/白淳	
331	如是	월	국판	교양	1920년대	1928.06		方仁根	如是社	高·延	其他/西江大, 白淳	
332	經濟	월	46배판	학술	1920년대	1928.06		鄭秀日	經濟時論社	서大		
333	靑年朝鮮	旬		기관	1920년대	1928.07		金時容	靑年朝鮮社	SJ	東京, 共産主義	
334	原稿時代	월	국판	문예	1920년대	1928.08	1928.10	李貞根	原人社	延大		
335	新時壇	월	국판	문예	1920년대	1928.08		申明均	新詩壇社	延·白	晋州, 習作時代 同人과 晋州靑 年들로 構成	
336	農聯			기관	1920년대	1928.08			農友聯盟	白淳		
337	靑年前述			기관	1920년대	1928.09		崔煥	靑年前述社	SJ	上海, 民族主義, 在中 國韓人 靑 年同盟機關誌	
338	新生	월	46배판	종합	1920년대	1928.10		柳瀅基	新生社	西·延		
339	新聞春秋	월	국판	문예	1920년대	1928.10		金乙漢	新聞春秋社	白淳		
340	朝鮮詩壇	월	국판	문예	1920년대	1928.11		黃錫禹	朝鮮詩壇社	延·白		
341	現段階			사상	1920년대	1928.11			現段階社	SJ	東京, 民族主義	
342	東省韓族問 題聯合會講 究會報			독립	1920년대	1928			東省韓族問 題聯合會講 究會	SJ		
343	正路			기관	1920년대	1928			安東, 桓仁	SJ	共産主義, 在滿 洲韓國共産黨 機關誌, 勞動新 聞의 前身	

순번	잡지명	간별	판형	성격	연대	창간	폐간	발행 편집인	발행소	소장	비고	영인 현황
344	朝鮮婦人			여성	1920년대	1928(推)			建造社	SJ		
345	致力			사상	1920년대	1928			上海	SJ	無政府主義	
346	奪還			사상	1920년대	1928			在中國朝鮮 無政府主義 者와 共産主 義者聯盟	SJ	無政府主義 및 共産主義	
347	學友			독립	1920년대	1928			吉林正義府	SJ		
348	化興			독립	1920년대	1928			滿洲	SJ		
349	黑戰			기타	1920년대	1928			東京	SJ	無政府主義	
350	女性之友	월	국판	여성	1920년대	1929.01		梁天昊	朝鮮女性社	白淳		
351	농촌청년	월	국판	노농· 농민	1920년대	1929.02		潘河斗	靑年雜誌社	延·白	朝鮮基督敎靑 年 聯合會에서 刊行	
352	學生	월	국판	종합	1920년대	1929.03	1930.11	方定煥	開闢社	延·白		영인
353				기타	1920년대			(編)金德秀				
354	衆聲	월	국판	오락	1920년대	1929.03	1930.02	李種麟	衆聲社	延·白		
355	徽新		국판	회지	1920년대	1929.04		君芮彬	徽新學校同 窓會	서大		
356	學海	월	국판	회지	1920년대	1929.04		林虎	日本大學朝 鮮留學生同 窓會	西江	東京	
357	正進	월	국판	문예	1920년대	1929.05		張志弼	正進社	延·白		
358	文藝公論	월	국판	문예	1920년대	1929.05	1929.07	方仁根	文藝公論社	延·白	平壤, 純文藝誌	
359	朝鮮文藝	월	국판	문예	1920년대	1929.05		高丙敦	朝鮮文藝社	서·東		

순번	잡지명	간별	판형	성격	연대	창간	폐간	발행 편집인	발행소	소장	비고	영인 현황
360	槿友	월	국판	여성	1920년대	1929.05		丁七星	槿友會本部	서·延	女性의 權益과 地位向上을 目的으로 함. 其他/白淳	
361	培花		국판	회지	1920년대	1929.05	1932.07	培花女高校友會	培花女子高普校友會	延·白		
362	解放運動	월		기타	1920년대		1929.05		東京	SJ	勞動運動	
363	怪奇	월	국판	오락	1920년대	1929.05	1929.12	鄭鎰	東明社	高·서	其他/延大, 西江大	
364	朝鮮兒童新報	월	국판	아동	1920년대	1929.06		白大鎭	朝鮮兒童新報社	延大		
365	科學		46배판	학술	1920년대	1929.06		白雅悳	延禧數理研究會	延·白		
366	農村文獻	계	국판	노농·농민	1920년대	1929.06		尹弘圭	農村文獻社	서·白		
367	三千里	월	46배판	종합	1920년대	1929.06	1942.04	金東煥	三千里社	서·高	李光洙, 金東仁 등이 編輯을 맡음. 1942年 5月號부터「大東亞」로 改題, 1947年 9月 復刊 號發行	영인
368	農民生活		국판	농업	1920년대	1929.06	1935.12	尹山溫	農民生活社	白淳		
369	實業之朝鮮	월	국판	산업	1920년대	1929.06	1929.08	(發)崔永澤	實業之朝鮮社	延·白		
370	協實		국판	회지	1920년대	1929.07		黃大闢	協成實業學校學生會	서·延		
371	新興	년	국판	학술	1920년대	1929.07	1937.01	裵相河	新興社	高·서	京城帝大 法文學部 朝鮮人 同窓會인 駱山俱樂部에서 刊行. 李康國, 兪鎭午, 張昌永 등 참여	
372	大衆公論	월	국판	종합	1920년대	1929.09	1930.06	申琳	大衆公論社	서·延		

순번	잡지명	간별	판형	성격	연대	창간	폐간	발행 편집인	발행소	소장	비고	영인 현황
373	우리가정	월	국판	종교	1920년대	1929.09		禹國華	時兆社	白淳		
374	朝鮮講壇	월	국판	학술	1920년대	1929.09	1930	申琳	朝鮮講壇社	서·延	1930年 「大衆 公論」으로 改題	
375	少年世界	월	국판	아동	1920년대	1929.10		李元珪	少年世界社	延·白	「新世界」誌의 前身	
376	朝鮮歷史 講壇			학술	1920년대	1929.10		張道斌	朝鮮歷史講 壇社	白淳		
377	朝鮮物産 獎勵會報	월	국판	기관	1920년대	1929.10	1931	明濟世	朝鮮物産 獎勵會	延·白		
378	評論	월	국판	문예	1920년대	1929.10		明濟世	朝鮮物産 獎勵會	延大		
379	平論	월	국판	종합	1920년대	1929.11		金銕洙	三平社	白淳		
380	滿蒙時代	월		기타	1920년대	1929.11		정현구	東京	SJ		
381	一光		국판	회지	1920년대	1929.12		朴漢永	中央佛敎專 門學校校友 會	東·延	其他/白淳	
382	新小說	월	국판	문예	1920년대	1929.12		金大植	建設社	白淳	「解放」誌의 前身(1930年 4月2日의 4號 이후부터 解放 으로 改題)	
383	民族의 血潮			독립	1920년대	1929(推)			北京	SJ		
384	레닌기			공산	1920년대	1929(推)			北滿	SJ		
385	레닌主義			공산	1920년대	1929(推)			北京	SJ		
386	生活運動			사회	1920년대	1929(推)			吉林	SJ		
387	戰鬪靑年			사상	1920년대	1929			上海	SJ	獨立 및 共産主義	

순번	잡지명	간별	판형	성격	연대	창간	폐간	발행 편집인	발행소	소장	비고	영인 현황
388	宗教教育	월	국판	종교	1930년대	1930.01		郭安連	朝鮮主日學校聯合會	延·白	2卷 2號 (1931年)부터 「基督敎宗敎敎育」으로 改題	
389	新朝鮮	월	국판	종합	1930년대	1930.01		明濟世	朝鮮物産獎勵會	白淳		
390	大衆之光		국판	종합	1930년대	1930.01		金炳淳	大衆之光社	白淳	東京, 弱小民族의 代辯	
391	獎産	월	국판	기관	1930년대	1930.01		鄭世權	朝鮮物産獎勵會	延大		
392	文藝狂		국판	문예	1930년대	1930.02		成璔鎬	文藝狂社	延·白	禮山, 同人誌	
393	時中	월	국판	종교	1930년대	1930.03		金彰漢	大聖院	白淳		
394	時文學	격월	국판	기타	1930년대	1930.03	1931	朴龍喆	時文學社	延·白	純粹文學을 志向, 朴龍喆, 金永郎 등이 참여 4號부터 「文學」으로 改題	
395	大潮	월	국판	종합	1930년대	1930.03	1930.08	全武吉	大潮社	高·白		
396	되는대로	월	국판	오락	1930년대	1930.03		金世徽	平壤	延·白		
397	新趣味	월	국판	대중	1930년대	1930.05		李康治	近代生活社	서·白		
398	農民	월	국판	노농·농민	1930년대	1930.05	1933.12	(初)朴恩稷	朝鮮農民社	서·白		
399	産業	월	국판	산업	1930년대	1930.05	1932.12	韓相億	産業協會	高·延	北美뉴욕其他/白淳	
400	親光	월		사상	1930년대	1930.05		崔桂云	日本兵庫	SJ	民族主義와 親睦	
401	鐵筆	월	국판	문예	1930년대	1930.07	1931.01	林仁植	鐵筆社	高·延	新聞評論誌其他/白淳	영인
402	農本	월	국판	종합	1930년대	1930.07		張基元	農本社	白淳	大邱	

순번	잡지명	간별	판형	성격	연대	창간	폐간	발행 편집인	발행소	소장	비고	영인 현황
403	女性時代	월	국판	기타	1930년대	1930.08	1930.09	尹甲容	女性時代社	白淳		
404	농업세계	월	국판	노농· 농민	1930년대	1930.08		姜邁	硯農社	서·延		
405	音樂과 詩	월	국판	문예	1930년대	1930.08		梁昌俊	音樂과 詩社	延大		
406	女性朝鮮	월	46배판	여성	1930년대	1930.08	1932.11	金熙哲	女性朝鮮社	延·白		
407	白頭山	월	국판	과학	1930년대	1930.10	1931.05	韓慶錫	白頭山社	高·西	其他/白淳	
408	時聲	월	국판	종합	1930년대	1930.11		盧貞珣	時聲社	延大		
409	春秋		국판	독립	1930년대	1930.11		安奭中	로스앤젤스	白淳		
410	朝鮮語文 研究		국판	학술	1930년대	1930.12		元漢慶	延禧專門白 學校出版部	延·白		
411	群旗			대중	1930년대	1930.12		閔丙徽		SJ	카프 發行 勞動大衆雜誌	
412	詩온		국판	문예	1930년대	1930.12		魯解理	延禧專門學 校學生基督 靑年會	延大	詩誌	
413	解放	월	46배판	문예	1930년대	1930.12	1931.06	申珓雨	解放社	서·白	「新小說」誌의 後身	
414	大衆映畵	월	국판	문예	1930년대	1930(推)				白淳		
415	無名彈			문예	1930년대	1930			朝鮮文藝協 會	연대		
416	文藝戰線			문예	1930년대	1930 (추정)				SJ		
417	噴火口			공산	1930년대	1930 (추정)			滿洲	SJ		
418	붉은 旗			공산	1930년대	1930 (추정)			吉林	SJ		

순번	잡지명	간별	판형	성격	연대	창간	폐간	발행 편집인	발행소	소장	비고	영인 현황
419	新世界	월간		아동	1930년대	1930			少年 新世界	연대		
420	十字架			문예	1930년대	1930 (추정)				EJ		
421	앞으로			사상	1930년대	1930			上海	SJ		
422	養正		국판	교지	1930년대	1930			양정 고등보 통학교 교우 회	延·白		
423	麗光			기타	1930년대	1930		禹觀亨	麗光社	SJ		
424	人道	월간		종합	1930년대	1930 (추정)		金殷東	人道社	홍성군 ·기타· 白淳		
425	일천동무			기타	1930년대	1930 (추정)			白			
426	朝鮮之血			독립	1930년대	1930			天津	SJ		
427	基督敎 宗敎 敎育	월간		종교	1930년대	1930			朝鮮 主日學校 聯合會	연대		
428	新光	월간	국판	여성	1930년대	1931.02		金二煥	新光社	서울대 ·白		
429	第三線		국판	문예	1930년대	1931.02				EJ		
430	慧性	월간	국판	종합	1930년대	1931.03	1932.04	車相瓚	開闢社	國·高		영인
431	同進	계간	국판	교지	1930년대	1931.03		白南圭	동덕여고 동 진회	白		
432	映畵時代	월간	국판	문예	1930년대	1931.03	1938.01	趙容均	영화시대사	延·白		
433	以文堂	월간		아동	1930년대	1931.03	1932.05	梁在應	이문당	연대		
434	第一線	월간	46배판	종합	1930년대	1931.03		車相瓚	開闢社	國·延		
435	農村月報	월간	국판	농촌	1930년대	1931.04		宋根雨	농촌월보사	연대		

순번	잡지명	간별	판형	성격	연대	창간	폐간	발행 편집인	발행소	소장	비고	영인 현황
436	我等	격월간	국판	사상	1930년대	1931.04		申明均	我等社	延·白		
437	우리들	월간	국판	종합	1930년대	1931.04	1932.11	申明均	우리들 社	延·白		
438	新興時代	월간	국판	종합	1930년대	1931.04		金衡鎭	新興會	서울대·白		
439	문산당	월간	46배판	아동	1930년대	1931.05		金永濟	文山堂	연대		
440	批判	월간	국판	종합	1930년대	1931.05	1940.03	宋奉禹	批判社	高·白		
441	열음지이	월간	국판	농촌	1930년대	1931.05		李允宰	硯農社	延·白		
442	醫藥公論	월간	46배판	기타	1930년대	1931.06		李楨宰	醫藥公論社	延·白		
443	家庭公論	월간	국판	여성	1930년대	1931.06		宋成源	현대가정공론사	白		
444	이러타	월간	46배판	시사	1930년대	1931.06	1933.01	李鍾律	社會實情調査所	서울대·延		
445	現代家庭公論	월간	국판	여성	1930년대	1931.06		송성원	현대가정공론사	연대		
446	朝鮮語文學會報	계간	국판	학술	1930년대	1931.07	1933.07	趙潤濟	朝鮮語文學會	白·서울대		영인
447	佛靑運動	월간	46배판	종교	1930년대	1931.08		金尙昊	朝鮮佛敎靑年總同盟	延·白		
448	實生活	월간	국판	산업	1930년대	1931.08	1941.01	(初)鄭世權 (後)林之鎬	獎産社	國·高		
449	傭聲	월간	국판	노농·농민	1930년대	1931.08		張斗貞	傭聲社	서울대·白		
450	大衆時代	월간	46배판	종합	1930년대	1931.08		尹明鎭	大衆時代社	서울대		
451	朝鮮健兒	순간		기타	1930년대	1931.08		李南植	조선少年團	SJ		
452	時代像	월간	46배판	대중	1930년대	1931.09	1932.01	梁在應	時代像社	延·白		

순번	잡지명	간별	판형	성격	연대	창간	폐간	발행 편집인	발행소	소장	비고	영인 현황
453	禁斷	월간		건강	1930년대	1931.09		(發)吳璧, (編)王大雅	時兆社	白		
454	농민세상			노농· 농민	1930년대	1931.09			朝鮮農民社	白		
455	時代公論	월간	국판	종합	1930년대	1931.09	1932	金徹黙 金榮得	시대공론사	서울대 ·延		
456	新尙州	월간	국판	지방	1930년대	1931.09		姜昊	신상주사	연대		
457	禪苑	월간	국판	종교	1930년대	1931.10	1935.10	金寂音	禪學院	延·白		
458	文藝月刊	월간	국판	문예	1930년대	1931.11	1932.03	朴龍喆	문예월간사	서·延		
459	崇神會月報	월간	국판	종교	1930년대	1931.11		許榕	숭신회 월보사	白		
460	新東亞	월간	국판	종합	1930년대	1931.11	1936.09	梁源模	신동아사	國·高		영인
461	民友		국판	종합	1930년대	1931.12		柳湳秀	朝鮮孤兒院	延·白		
462	信仰生活	월간	국판	종교	1930년대	1931.12	1938.08	金麟瑞	신앙생활사	서·延		
463	우리집			종교	1930년대	1931.12	1937.06	(發)許乙 (編)蔡富仁	家庭社	延·白		
464	黨聲	월간	46배판	종교	1930년대	1931	1931.06 (추)	鄭應奉	天道敎 靑友黨	白淳		
465	商工時代	계간		실업	1930년대	1931		愛中社	연대			
466	카도릭 朝鮮	월간	46배판	종교	1930년대	1931			가톨릭조선 사	白		영인
467	나가자	월간	국판	종합	1930년대	1932.01		張志弼	나가자 사	연대		
468	白岳		국판	종합	1930년대	1932.01	1932.03	柳時彦	백악사	延· 서강대		
469	保健運動	월간	국판	보건	1930년대	1932.02		楊奉根	보건운동서	서·延		
470	人相	월간	46배판	기타	1930년대	1932.03		裵相哲	人相社	白		

순번	잡지명	간별	판형	성격	연대	창간	폐간	발행 편집인	발행소	소장	비고	영인 현황
471	金剛杵		국판	회지	1930년대	1932.02	1943.01	朴允進	朝鮮佛敎靑 年總聯盟	延·白		
472	婦人公論		국판	여성	1930년대	1932.02	1932.05	韓袂禮	부인공론사	白		
473	婦女世界	월간	국판	여성	1930년대	1932.03		崔一	부녀세계사	서울대		
474	文學		국판	문예	1930년대	1932.03	1936.01	鄭鎭石	문학사	연대		
475	保育時代	월간	46배판	교육	1930년대	1932.03		崔瑨淳	보육시대사	白		
476	東方評論	월간	국판	문예	1930년대	1932.04	1932.07	白寬洙	동방평론사	高·서		
477	新興藝術	월간	국판	문예	1930년대	1932.05		文一	신흥예술사	연·白		
478	演劇運動	월간	국판	문예	1930년대	1932.05		李相春	연극운동사	白		
479	朝鮮文學		국판	문예	1930년대	1932.05	1939.06	沈奉文	조선문학사	서·延		
480	한글	월간	46배판	학술	1930년대	1932.05	1942.04	鄭寅承	朝鮮語學會	서·연		영인
481	集團	월간	국판	종합	1930년대	1932.06		(發)林仁植 (編)林和	집단사	연·백		
482	科學朝鮮		사륙판	과학	1930년대	1932.06	1941.10	金光明	과학지식보 급회	연·백		
483	新興映畵	월간	국판	문예	1930년대	1932.06		馬春曙	신흥영화사	서·延		
484	女人	월간	국판	여성	1930년대	1932.06	1932.10	宋奉禹	批判社	高·白		
485	英語文學		46배판	문예	1930년대	1932.07		鄭寅燮	영어문학사	연대		
486	敎育春秋		46배판	교육	1930년대	1932.07		兪元貞	교육춘추사	延·白		
487	룡천검	월간	46배판	종교	1930년대	1932.07	1936	李正旭	룡천검사 (시천교중 앙종무부)	고대		
488	新大陸	월간	국판	종합	1930년대	1932.07		金三民	신대륙사 조 선 총지부	서·연		
489	新朝鮮	월간	국판	종합	1930년대	1932.07	1936	徐廷綠	신조선사	고·연		

순번	잡지명	간별	판형	성격	연대	창간	폐간	발행 편집인	발행소	소장	비고	영인 현황
490	商工朝鮮	월간	46배판	실업	1930년대	1932.08		鄭秀日	상공조선사	연·백		
491	新滿蒙	월간	국판	종합	1930년대	1932.08	1932.10	金三民	신대륙사 조 선 총지부	서·연		
492	曙鍾	월간	국판	문예	1930년대	1932.08		李富成	서광사	연대		
493	東聲	월간	국판	종합	1930년대	1932.09		柳漢植	동성사	白		
494	愛衆		국판	교양	1930년대	1932.09		吳在鎔	애중사	연대		
495	게자씨	월간	국판	종교	1930년대	1932.09		金鎭鴻	게자씨 사	白		
496	東北經濟		국판	경제	1930년대	1932.09		李弘俊	동북경제사	연대		
497	萬國婦人	월간	국판	여성	1930년대	1932.10		金東煥	삼천리사	서·백		
498	新階級	월간	국판	종합	1930년대	1932.10	1933.09	兪鎭熙	조선지광사	國·서		
499	嶺南明德	월간	46배판	종교	1930년대	1932.10		小貫賴次	경북 유도 연합회	白		
500	天國福音	월간	국판	종교	1930년대	1932.10			천국복음사	연·백		
501	朝鮮 時事評論	월간		시사	1930년대	1932.11		張祥祐	東京	SJ		
502	農業과 園藝	월간	국판	노농· 농민	1930년대	1932.12		洪箕疇	농업과 원예사	연대		
503	文學建設	월간	국판	문예	1930년대	1932.12		朴東洙	문학건설사	서·연		
504	東靈	월간	국판	문예	1930년대	1932.12		孫完允	東靈社	연대		
505	文友		국판	문예	1930년대	1932.12	1941.06	韓太秀,姜 處重	연희전문학 교 교우회	서·연		
506	全南評論		국판	문예	1930년대	1932.12		吳泰準	전남 평론사	백		
507	少年文學			문예	1930년대	1932.12				백		
508	自由코뮨	월간		사상	1930년대	1932.12		洪性煥	黑友聯盟 東興勞動	SJ		

순번	잡지명	간별	판형	성격	연대	창간	폐간	발행 편집인	발행소	소장	비고	영인 현황
509	宗教時報	월간	46배판	종교	1930년대	1932.12		(發)許大殿,(編)鄭仁果	조선 야소교 장로회 총회 종교 교육부	서울대		
510	法律과 强權			사상	1930년대	1932 (추정)			東京	SJ		
511	信仰世界	월간		종교	1930년대	1932			신앙세계사	연대		
512	레닌의 길로			사상	1930년대	1932 (추정)			러시아 포세트	SJ		
513	新家庭	월간	국판	여성	1930년대	1933.01	1936.09	梁源模	신동아사	고·서		영인
514	全線	월간	국판	문예	1930년대	1933.01	1933.05	李在薰	적벽사	고·서		
515	朝鮮民俗		국판	민속	1930년대	1933.01		宋錫夏	조선민속학회	서·東		
516	節制	월간	국판	종교	1930년대	1933.01		蔡富仁	조선여자기독 절제회	연·백		
517	監理會報	월간	46배판	종교	1930년대	1933.01	1934.06	梁柱三	기독교 조선 감리회 총리원	연·백		
518	金剛	월간	46배판	기타	1930년대	1933.01		朱善翼	금강사	연·백		
519	希望	월간	국판	문예	1930년대	1933.02		李𡹻萬	희망사	연·백		
520	大衆	월간	46배판	교양	1930년대	1933.04	1933.06	金若水	대중과학 연구원	고·백		
521	朝鮮 經濟評論	월간	46배판	경제	1930년대	1933.05		李時琓	조선경제 평론사	백		
522	아이동무	월간	46배판	아동	1930년대	1933.05	1935	尹山溫(美)	아이동무사	고·연		
523	衆明	월간	국판	종합	1930년대	1933.05	1933.07	李肯鍾	중명사	백		
524	東光叢書		국판	문예	1930년대	1933.06	1933.07	金鍾象	동광사	백		
525	科學朝鮮	월간	46배판	회지	1930년대	1933.06		李承學	발명학회 출판부	고·연		

순번	잡지명	간별	판형	성격	연대	창간	폐간	발행 편집인	발행소	소장	비고	영인 현황
526	中央大學 우리 同窓會誌	계간	국판	회지	1930년대	1933.06			중앙대학 우리 동창회	연·백		
527	카토릭 靑年	월간	국판	종교	1930년대	1933.06		元亨根	카토릭 청년사	연·백		영인
528	朝鮮 體育界	월간	국판	체육	1930년대	1933.07		李源容	조선체육계사	고·연		
529	哲學	반년	국판	사상	1930년대	1933.07	1934.03	李在薰	철학연구회	서·연·SJ		
530	開闢戰線		국판	사상	1930년대	1933.08		白洛京	개벽전선사	SJ		
531	漢城 醫師會 會報		국판	회지	1930년대	1933.08		金鐸遠	한성의사회	연대		
532	新興 朝鮮	월간	46배판	경제	1930년대	1933.10	1934.01	李仁	신흥조선사	고·연		
533	學燈	월간	국판	종합	1930년대	1933.10	1936.03	韓奎相	한성도서주식회사	고·연		영인
534	靈界	월간	국판	종교	1930년대	1933.11		黃國柱	영계사	高·서		
535	中央	월간	46배판	종합	1930년대	1933.11	1936.09	金東成	조선중앙일보사	高·서		영인
536	號外	월간	46배판	문예	1930년대	1933.12		金鳳圭	신문평론사	서·延		
537	樂園	월간	국판	여성	1930년대	1933.12		白南信	조선 낙원사	延		
538	文學		국판	문예	1930년대	1933.12		朴龍喆	시문학사	서·延		
539	孤兒	월간	46배판	사회	1930년대	1933		姜鳳在	고아사	高·白		
540	大衆日記		기타	1930년대	1933 (추정)				원산 대중일기사	연대		
541	新人文藝	월간		문예	1930년대	1933			신인문예사	연대		
542	朝鮮工業協會報	월간		회지	1930년대	1933 (추정)				연대		

순번	잡지명	간별	판형	성격	연대	창간	폐간	발행 편집인	발행소	소장	비고	영인 현황
543	休息場			기타	1930년대	1933 (추정)				白		
544	카도릭 硏究	월간	46배판	종교	1930년대	1934.01		L.E. 모리스	카토릭 연구사	延· 이대		
545	啓明時報	월간	46배판	종합	1930년대	1934.01	1938.01	鄭求忠	계명구락부	延·白		
546	眞光	월간	국판	종교	1930년대	1934.02		劉基泰	진광사	연·백		
547	形象	월간	국판	문예	1930년대	1934.02	1934.03	李東治	신흥문화사	서·연		
548	月刊 每申	월간	46배판	오락	1930년대	1934.02		金善欽	매일신보사	고·백		
549	新世界	월간	사륙판	아동	1930년대	1934.02		李元珪	박문서관	연·백		
550	新東方	월간	국판	종합	1930년대	1934.02			신동방사	백		
551	正音	월간	국판	아동	1930년대	1934.02	1941.04	權寧仲	조선어학연 구회	서·연		영인
552	以心會 會報		국판	회지	1930년대	1934.03		李甲燮	이심회	고대		
553	信明		국판	회지	1930년대	1934.03		崔良喜, 方 解禮	신명여학교 교우회	연대		
554	正義		국판	회지	1930년대	1934.03		貴愛多	정의여자고 등보통학교	연대		
555	女聲	월간	국판	여성	1930년대	1934.04		吳影哲	여성사	서울대		
556	北星	월간	국판	학생	1930년대	1934.04		元裕珏	북성잡지사	연·백		
557	副業時代	월간	국판	실업	1930년대	1934.04		吳相源	조선시대사	백		
558	劇藝術		국판	문예	1930년대	1934.04	1934.12	朴龍喆	시문학사	연·백		영인
559	永興		국판	회지	1930년대	1934.04		孫安息	영흥학교	연대		
560	信聖	계간	국판	교지	1930년대	1934.05	1935.11	張利郁	신성학교	김윤경		
561	文學創造	월간	국판	문예	1930년대	1934.06		安俊植	별나라사	서·백		

순번	잡지명	간별	판형	성격	연대	창간	폐간	발행 편집인	발행소	소장	비고	영인 현황
562	音樂	월간	46배판	예술	1930년대	1934.07		(發)安大善 (編)崔聖斗	음악사	연· 오한근		
563	校友會誌		국판	회지	1930년대	1934.07		金鐸遠	경성여자의 학 강습소	서·백		
564	한인 기독교보	계간	국판	종교	1930년대	1934.07		박동완	중앙조선기 독교회	연대		
565	新人文學	월간	국판	문예	1930년대	1934.09	1936.03	盧子泳	청조사	서·연		영인
566	優生		국판	의약	1930년대	1934.09		李甲秀	조선 우생협회	연·백		
567	三四文學	월간	국판	문예	1930년대	1934.09	1935.10	(發)장선 (編)조풍연	삼사문학사	서강대 ·백		
568	靑年朝鮮	월간	국판	종합	1930년대	1934.10		金基鎭	청년조선사	서·연		
569	月刊野談	월간	국판	오락	1930년대	1934.10	1945	尹白南	계유출판사	서·연		영인
570	大平壤	월간	국판	종합	1930년대	1934.11	1936.12	田榮澤	대평양사	고·서		
571	開闢(新刊)	월간	국판	종합	1930년대	1934.11	1935.02	車相瓚	개벽사	고·연		영인
572	震檀學報	월간	국판	학술	1930년대	1934.11		李丙燾	진단학회	고·연		영인
573	藝術	월간	국판	문예	1930년대	1934.12	1936.01	朴松	예술사	국·연		
574	기쁜 소식	월간	국판	종교	1930년대	1934.12		朴富樂(美)	동양선교회 성결구회	연·백		
575	東京 朝鮮民報	순간		사상	1930년대	1934.12		金浩永	동경	SJ		
576	梨高		국판	회지	1930년대	1934.12		아펜셀러	이화여고 기 독 청년회	서·백		
577	兒童世界	월간	국판	아동	1930년대	1934.01		金素雲	아동세계사	백		
578	양조 조선			기관	1930년대	1934		禹觀亨		SJ		
579	예수			종교	1930년대	1934		李浩彬	평양 예수교회	延· 서강대		

순번	잡지명	간별	판형	성격	연대	창간	폐간	발행 편집인	발행소	소장	비고	영인 현황
580	淸溪		국판	기타	1930년대	1934 (추정)			경성 사범학교	백		
581	好鍾		국판	교지	1930년대	1934 (추정)		金熙祇	개성 호수돈 여고 교우회	백		
582	東洋醫學	월간	국판	의약	1930년대	1935.01		趙憲泳	동양의약사	연·백		
583	少年中央	월간	국판	아동	1930년대	1935.01	1935.07	金東成	조선중앙일 보	서울대 ·연대		
584	出發		국판	문예	1930년대	1935.01		曹秉球	출발사	연대		
585	聖火	월간	국판	종교	1930년대	1935.01		(發)都馬蓮 (編)鄭南水	성화사	연·백		
586	日月時報	월간	46배판	회지	1930년대	1935.02		朴淵祚	일월시보사	고·연		
587	詩苑	월간	국판	문예	1930년대	1935.02	1935.05	吳熙秉	시원사	서·연		
588	貞信		국판	회지	1930년대	1935.03		孫珍洙	정신여자 기 독청년회	연대		
589	普成		국판	교지	1930년대	1935.03			보성고등보 통학교	연·백		영인
590	四海公論	월간	국판	종합	1930년대	1935.05	1939.04	金海鎭	사해공론사	국·고		영인
591	쩌날리즘	월간	국판	문예	1930년대	1935.09		宋泰亨	쩌날리즘사	연·백		
592	金剛山	월간	국판	종교	1930년대	1935.09	1936.06	權相老	금강산사	동국· 백		
593	新兒童	월간	국판	아동	1930년대	1935.09		金癸得	신아동사	서·백		
594	復活運動	월간	국판	종교	1930년대	1935.10	1939	金在衡	부활사	고·연		
595	忠南醫業	월간	국판	의약	1930년대	1935.11		成周鳳	충남의약조 합	백		
596	創作	계간	국판	문예	1930년대	1935.11	1937.07	韓笛山	창작사	서·백		
597	朝光	월간	국판	종합	1930년대	1935.11	1946	方應謨	조선일보사 출판부	국·고		영인

순번	잡지명	간별	판형	성격	연대	창간	폐간	발행편집인	발행소	소장	비고	영인현황
598	木馬		국판	아동	1930년대	1935.12		金素雲	조선아동교육회	백		
599	新生命		국판	기타	1930년대	1935.12		趙永鍊	신생명사	고·연		
600	野談	월간	국판	대중	1930년대	1935.12	1945.03	金東仁	야담사	연·백		
601	農村通信	월간		농촌	1930년대	1935			경성 장로회	연대		
602	湖南評論	월간	국판	문예	1930년대	1935		徐光雨	호남평론사	국·고		
603	序中		국판	회지	1930년대	1935 (추정)		李甲燮	서중회	백		
604	文學	월간	국판	문예	1930년대	1936.01		金哲雄	문학사	서울대		
605	評論	월간	국판	문예	1930년대	1936.01		南相甲	평론사	백		
606	鑛業朝鮮	월간	국판	광업	1930년대	1936.01	1936.10	李鍾萬	대동출판사	연·백		
607	童話	월간	46배판	아동	1930년대	1936.02	1937	崔仁化	동화사	서·연		
608	兒童文藝	월간	국판	아동	1930년대	1936.02		孫完允	아동문예사	연대		
609	靑空		국판	문예	1930년대	1936.03		金大洙	청공사	백		
610	카토릭 少年	월간	국판	종교	1930년대	1936.03		(發)白化東 (編)裵光被	카토릭 소년사	서·백		
611	大東		국판	회지	1930년대	1936.03		金萬壽	대동 상업학교 교우회	연대		
612	詩와 小說	월간	국판	문예	1930년대	1936.03		具本雄	창문사	연·백		
613	朝鮮農民	월간	국판	노농·농민	1930년대	1936.03		洪順玉	경문사	연·백		
614	女性	월간	46배판	여성	1930년대	1936.04	1940.12	方應謨	조선일보사	고·연		영인
615	在滿 朝鮮人 通信	격월간	46배판	시사	1930년대	1936.04		徐範錫	興亞協會	국·중		
616	音樂評論	월간	국판	문예	1930년대	1936.04	1936.06	金福源	음악평론사	연·백		

순번	잡지명	간별	판형	성격	연대	창간	폐간	발행 편집인	발행소	소장	비고	영인 현황
617	잘씨	월간	국판	종합	1930년대	1936.04		許得吉	잘씨 사	연대		
618	백합		국판	회지	1930년대	1936.04			세브란스 의 전 부속병원	연·백		
619	婦人公論	월간	국판	여성	1930년대	1936.05	1936.08	金海鎭	사해공론사	연·백		
620	探求	계간	국판	문예	1930년대	1936.05		李龍雨	탐구사	연·백		
621	靑春公論	월간	46배판	종합	1930년대	1936.05		(發)安大善 (編)朱雲成	전진사	연·백		
622	韓民			기관	1930년대	1936.05			上海	SJ		
623	獨立公論	월간	국판	사상	1930년대	1936.06			독립공론사	백		
624	說敎	월간	국판	종교	1930년대	1936.07		金圭店	평양 설교사	백		
625	京保 타임스	계간	타블로 이드	회지	1930년대	1936.08			경성 보육학 교 학생회	연대		
626	모던 朝鮮		국판	오락	1930년대	1936.09		姜動	모던 조선사	연대		
627	文藝街	월간	46배판	문예	1930년대	1936.09		孔鎭恒	한성도서주 식회사	백		
628	映畵朝鮮	월간	국판	문예	1930년대	1936.09		辛探	영화조선사	연·백		
629	朝鮮映畵	월간	국판	문예	1930년대	1936.10		白命坤	조선영화사	백		
630	詩建設	월간	국판	문예	1930년대	1936.11		金益富	시건설사	서강대 ·연대		
631	浪漫		국판	문예	1930년대	1936.11		閔泰奎	낭만사	백		
632	詩人部落	월간	국판	문예	1930년대	1936.11	1937.02	徐廷柱	시인부락	연·백		영인
633	樂園		국판	기관	1930년대	1936.11		盧基崇	낙원사	연대		
634	風林	월간	국판	문예	1930년대	1936.12	1937.05	洪淳烈	풍림사	고·백		
635	幕		국판	문예	1930년대	1936.12	1939.06	朴東根	동경 유학생 예술회	연·백		

순번	잡지명	간별	판형	성격	연대	창간	폐간	발행 편집인	발행소	소장	비고	영인 현황
636	普專學生	계간	국판	교지	1930년대	1936.12		文觀永	보전학생회	연·백		
637	家庭之友	격월	국판	종합	1930년대	1936.12	1940.02	小國弘	조선금융조 합연합회	국·고		문예 면만 영인
638	啓聖	계간	국판	교지	1930년대	1936.12		蔡奎澤	계성학교 계 우회 문예부	백		
639	東洋評論	월간	국판	문예	1930년대	1936.12		李龍大	동양평론사	연대		
640	商業界	월간	46배판	미술	1930년대	1936.12		朴東煥	조선상미사	연대		
641	文學世紀			문예	1930년대	1936				EJ		
642	元山時論	계간		시사	1930년대	1936			원산 시론사	연대		
643	天友			기타	1930년대	1936			천우사	연대		
644	새사람	월간	국판	종교	1930년대	1937.01		田榮澤	복음사	백		
645	斷層	월간	국판	문예	1930년대	1937.01		朴容德	단층사	백		
646	大地	월간		문예	1930년대	1937.01 (추정)		金龍三· 權九玄		백		
647	白光	월간	국판	문예	1930년대	1937.01	1937.06	田榮澤	백광사	국·백		
648	三千里文學	월간	국판	문예	1930년대	1937.01	1938.04	金東煥	삼천리사	서강대 ·백		영인
649	搖籃		국판	문예	1930년대	1937.01	1939.02	崔永秀	요람사	서·연		
650	빛	월간	국판	종교	1930년대	1937.02		葛聖烈	빛 사	백		
651	早稻田 大學 우리 同窓會 誌		국판	회지	1930년대	1937.02		李相敦	와세다 대학 조선 유학생 동창회	연·백		
652	金星	월간	국판	문예	1930년대	1937.03		孫完允	금성사	연대		
653	佛敎(新)		국판	종교	1930년대	1937.03	1944.01	林元吉	불교사	백		

순번	잡지명	간별	판형	성격	연대	창간	폐간	발행 편집인	발행소	소장	비고	영인 현황
654	蒼空	월간	국판	문예	1930년대	1937.04		朴允鎬	조선문화사	연·백		
655	文園			문예	1930년대	1937.04	1937.05	申三洙	문원사	연·백		
656	聖貧	월간	46배판	종교	1930년대	1937.04	1937.06	梅見旋	성빈학교	연대		
657	少年	월간	국판	아동	1930년대	1937.04	1940.12	方應謨	조선일보사	연·백		
658	鑛業時代	월간	국판	광업	1930년대	1937.05		林仁植	광업시대사	연·백		
659	公論			기타	1930년대	1937.05			民友會	EJ		
660	十字軍		46배판	종교	1930년대	1937.05		金在俊	신앙운동사	연대		
661	詩人春秋		국판	문예	1930년대	1937.06		李仁永	시인춘추사	고·연		
662	福音運動	월간	국판	종교	1930년대	1937.06		金玉南	복음운동사	연·백		
663	文化時事	월간	46배판	시사	1930년대	1937.08		閔丙徽	문화시사사	연대		
664	웃음판	월간	국판	오락	1930년대	1937.09		申不出	웃음판 사	백		
665	幼年	월간	46배판	아동	1930년대	1937.09			조선일보사	연대		
666	實話	월간	국판	오락	1930년대	1937.10	1939.09	林仁植	조선광업시 대사	고·연		
667	永生		국판	교지	1930년대	1937.10		金觀植	영생고등여 학교	백		
668	月尾	월간	국판	지방	1930년대	1937.10		金道仁	白眉社	연대		
669	映畵報	월간	국판	문예	1930년대	1937.11		金正革	영화보사	연·백		
670	子午線	월간	국판	문예	1930년대	1937.11		閔泰奎	자오선사	연·백		
671	同窓會報	계간	국판	회지	1930년대	1937 (추정)		崔致昊	메이지 대학 조선 동창회	백		
672	豆滿江	월간	국판	문예	1930년대	1937 (추정)		金光燮	두만강사	백		

순번	잡지명	간별	판형	성격	연대	창간	폐간	발행편집인	발행소	소장	비고	영인현황
673	룸비니		국판	회지	1930년대	1937	1939.01.	梁泳祚	중앙불교 전문학교	백		
674	明新	계간	국판	교지	1930년대	1937			재령명신학교 YMCA	연·백		
675	白波	월간	국판	종합	1930년대	1937		劉斗應	백파사	백		
676	神友	월간	국판	교지	1930년대	1937 (추정)		盧炳朝	덕원 신학교	백		
677	앞길	주간		기관	1930년대	1937			朝鮮民族革命黨	SJ		
678	朝鮮發明界			과학	1930년대	1937			發明學會	연대		
679	現代女性			여성	1930년대	1937			현대여성사	연대		
680	農業朝鮮	월간	국판	노농·농민	1930년대	1938.01	1939.02		대동출판사	연ㅍ백		
681	朝鮮農業	월간	국판	노농·농민	1930년대	1938.01		李鍾萬	대동출판사	백		
682	琢磨	월간	국판	종교	1930년대	1938.02		鄭昌允	탁마사	백		
683	弘法友		국판	종교	1930년대	1938.03		李在福	弘法講友會	연·백		
684	高揚		국판	문예	1930년대	1938.03		趙岐鎬	東文堂書店	연·백		
685	靑年時代			종교	1930년대	1938.03	1939.01		조선 기독교 청년회	백		
686	産業朝鮮	월간	국판	경제	1930년대	1938.04		黃文達	산업조선사	연대		
687	療養法	월간	국판	기관	1930년대	1938.05	1940.06	賀樂, 巴路 (英)	해주 구세 요양원	연대		
688	保健朝鮮		46배판	보건	1930년대	1938.05		安福祿	보건조선사	연대		
689	우리 蹴球		국판	체육	1930년대	1938.05				국회		
690	靑色紙		국판	문예	1930년대	1938.06	1940.02	具本雄	청색지 사	고·백		

순번	잡지명	간별	판형	성격	연대	창간	폐간	발행 편집인	발행소	소장	비고	영인 현황
691	貂		국판	문예	1930년대	1938.06	1938.10	金正琦	한성도서주 식회사	연·백		
692	漫畫漫文		국판	오락	1930년대	1938.07		崔永秀	만화 만문사	연대		
693	芽		국판	문예	1930년대	1938.07		李泳植	芽社	연·백		
694	愛隣		국판	종교	1930년대	1938.07		(發)安道宣 (編)鄭志强	애린원	연·백		
695	野談大會錄	월간	국판	대중	1930년대	1938.08		崔演澤	三共社	백		
696	博文	월간	국판	출판	1930년대	1938.10	1941.01	崔泳桂	博文書館	고·백		영인
697	螢雪		국판	회지	1930년대	1938.10			螢雪會	연대		
698	海峽		국판	문예	1930년대	1938.10		崔洛鍾	三文社	서울대		
699	水産朝鮮	월간		수간	1930년대	1938			수산 조선사	연대		
700	虹			문예	1930년대	1938		楊明文	東京	EJ		
701	新世紀	월간	국판	대중	1930년대	1939.01		郭行瑞	신세기사	연·백		
702	雄鷄	계간	46배판	문예	1930년대	1939.01		李永植	웅계사	연대		
703	光化	월간	국판	회지	1930년대	1939.01	1939.07	李甲寧	상해 거류 조선인회	연·大		
704	明倫		국판	회지	1930년대	1939.02		孔聖學	명륜회	연대		
705	文章	월간	국판	문예	1930년대	1939.02	1941.04	(發)金鍊萬 (編)李泰俊	문장사	연·백		영인
706	大衆醫學	월간	국판	의약	1930년대	1939.03		李康治	대중의학사	고·백		
707	詩林		국판	문예	1930년대	1939.03		高敬相	三文社	서·연		
708	詩學		국판	문예	1930년대	1939.03		金正琦	시학사	서·백		
709	大陸公論	월간	국판	문예	1930년대	1939.04			대륙공론사	백		

순번	잡지명	간별	판형	성격	연대	창간	폐간	발행 편집인	발행소	소장	비고	영인 현황
710	作品	월간	국판	문예	1930년대	1939.06		姜義榮	동경 삼문사	연·백		
711	白紙	월간	국판	문예	1930년대	1939.07	1939.10	崔翼然	백지사	고·백		
712	學友 俱樂部	월간	국판	교양	1930년대	1939.07	1939.08	李相烈	학우구락부 사	연·백		
713	東洋醫學		국판	기관	1930년대	1939.07		田元培	동양의약협 회	연·백		
714	純文藝		국판	문예	1930년대	1939.08		李鍾吉	순문예사	연·백		
715	草原		국판	문예	1930년대	1939.09		李宗敏	대륙공론사	연대		
716	舞臺		국판	문예	1930년대	1939.09		金相福	協同藝術座	연·백		
717	人文評論	월간	국판	문예	1930년대	1939.10	1941.04	崔載瑞	인문사	고·연		영인
718	映畵演劇			문예	1930년대	1939.11	1940.02	崔翼然	영화연극사	연·백		
719	事件	월간	국판	대중	1930년대	1939		金井漢	비판사	백		
720	詩建設		국판	문예	1930년대	1939	1939.10	金益富	시건설사	백		
721	우리 靑年	월간	국판	종교	1930년대	1939				백		
722	中央 少年	월간	국판	아동	1930년대	1939		具滋玉	중앙 기독청 년회 소년부	백		
723	波群			사보	1930년대	1939			파군출판사	연대		
724	太陽	월간	국판	종합	1940년대	1940.01	1940.02	徐椿	조선문화사	연·백		
725	建築朝鮮			건축	1940년대	1940.04	1940.11	朴吉龍	박길룡 건축 사무소	연대		
726	業		국판	문예	1940년대	1940.06		尹泰周	장학사	연대		
727	少年			아동	1940년대	1940		구자옥	영창학교	SJ		
728	韓國學生			기관	1940년대	1940			뉴욕 북미 한국학생 연맹	SJ		

순번	잡지명	간별	판형	성격	연대	창간	폐간	발행 편집인	발행소	소장	비고	영인 현황
729	新時代	월간	국판	종합	1940년대	1941.01	1945.02	瑞原益亨	신시대사	고·연		
730	春秋	월간	국판	종합	1940년대	1941.04	1944.10	梁在廈	춘추사	국·연		영인
731	滿洲朝鮮 文藝選		국판	문예	1940년대	1941.11		(發)盧承均 (編)申瑩澈	조선 문예사	백		
732	國民文學	월간	국판	문예	1940년대	1941.11	1945.12	崔載瑞	인문사	서·연		영인
733	皆勞	월간	국판	노농· 농민	1940년대	1942.05		曺應天	개로사	백		
734	大東亞	월간	국판	종합	1940년대	1942.05		金東煥	삼천리사	서·백		
735	임마누엘			회지	1940년대	1942			한국 신학대 학 학생회	연대		
736	북미시보			기타	1940년대	1943.04			로스엔젤레 스	SJ		
737	儒道	월간	국판	기관	1940년대	1943.11		可知講次郎	조선 유도연 합회	연·백		
738	獨立	월간		종합	1940년대	1943		박상엽·이 경손·김강	조선민족혁 명당 미국지 부	SJ		
739	韓國의 소리	월간		종합	1940년대	1943		김영경	워싱톤 한국 문제 연구소	SJ		
740	韓國調査 硏究公報	계간		학술	1940년대	1943	1945.05	장세운	한국조사연 구회	SJ		

3. 근대 교과서 목록

순번	시대	분야	교과서명	편저자	연도	발행자	문체	기타	소장
1	통감시대	가정	國文新撰家政學 (신찬가뎡학)	朴晶東 譯	1907	鄭喜鎭	저역	저역	입력
2	통감시대	가정	新編家政學	玄公廉·朴永式	1907	玄公廉	저역	저역	중도
3	통감시대	가정	쇼ᄋ교육(小兒敎育)	임경직(任景宰)	1908	휘문관 (徽文館)	국한문	저역	
4	통감시대	경제	經濟敎科書	李炳台 譯	1907	金炳三	저역	저역	
5	통감시대	경제	經濟原論	金雨均	1907	鄭喜鎭	저역	저역	중도
6	통감시대	경제	經濟通論	學部編輯局	1908	學部	저역	저역	
7	통감시대	경제	經濟學	兪致衡 講述	1907	廣文社	저역	저역	
8	통감시대	경제	經濟學敎科書	李炳台	1908	廣文社	저역	저역	
9	통감시대	경제	普通經濟學(全)	李弼善	1907	普成館	저역	저역	
10	통감시대	경제	銀行論(上·下: 2책)	劉文相 譯	1910	普成館	저역	저역	
11	통감시대	경제	財政學	元應常 講述	1907		저역	저역	
12	통감시대	경제	最新經濟 敎科書	兪承兼	1910	唯一書館	저역	저역	
13	통감시대	경제	最新經濟學	朴承■·朱定均	1908	普文社	저역	저역	중도
14	통감시대	경제	貨幣論	李弼善 譯	1907	普成館	저역	저역	
15	통감시대	광물	新式鑛物學	普成館編輯部	1908	普成館	저역	저역	
16	통감시대	광물	中等礦物界敎科書	閔大植	1907	徽文館	저역	저역	
17	통감시대	광물	中等礦物學(全)	玄公廉	1908	玄公廉	저역	저역	
18	통감시대	교육	簡明 敎育學	兪鈺兼	1908	右文館	국한문	저역	복원
19	통감시대	교육	敎育學	崔光玉	1907	勉學會	국한문	저역	

순번	시대	분야	교과서명	편저자	연도	발행자	문체	기타	소장
20	통감시대	교육	學校管理法	韓冕愚	1908	普成館	저역	저역	
21	통감시대	교육	普通敎育學	學部編輯局	1910	學部	국한문	저역	
22	통감시대	교육	師範敎育學	尹泰榮	1907	普成館	국한문	저역	
23	통감시대	교육	新撰普通敎育學	金祥寅(演)	1908	金祥寅	국한문	저역	
24	통감시대	교육	新編小學校授法	陣熙星	1908	義進社	국한문	저역	
25	1905년 이전	교육학	新撰 敎育學	木村知治	1897		한글 현토	저역	복원
26	1905년 이전	국사	大東歷史(4책)	崔景煥	1905	독립협회	국문	저술	
27	1905년 이전	국사	普通敎科東國歷史(2책)	玄采	1899	漢城書畵館	국한문	저술	아세아
28	1905년 이전	국사	東史輯略(2책)	金澤榮	1905	學部	한문	저술	아세아
29	1905년 이전	국사	大韓歷史(2책)	學部 編輯局	1899	학부	한문	저역	아세아
30	1905년 이전	국사	大韓歷史略(2책)	學部 編輯局	1899	학부	한문	저역	아세아
31	통감시대	국사	國朝史	元泳義			저역	저역	
32	통감시대	국사	大東歷史(4책)	鄭喬	1906		저역	저역	
33	통감시대	국사	大同歷史略	兪星濬	1908	博學書館	저역	저역	
34	통감시대	국사	大東歷史略	大韓民國 敎育會	1906	大韓民國 敎育會	저역	저역	
35	통감시대	국사	대한력ᄉ	헐버트·吳聖根	1908		저역	저역	
36	통감시대	국사	東國史略	玄采 譯述	1906	普成館	저역	저역	
37	통감시대	국사	新訂東國歷史(2책)	元泳義·柳瑾	1906	徽文館	저역	저역	
38	통감시대	국사	新撰初等歷史	柳瑾	1906	廣德書館	저역	저역	
39	통감시대	국사	二十世紀朝鮮論	金大熙	1907	崔炳玉	저역	저역	
40	통감시대	국사	朝鮮國史	元泳義			저역	저역	

순번	시대	분야	교과서명	편저자	연도	발행자	문체	기타	소장
41	통감시대	국사	中等教科東國歷史(2책)	玄采	1908	玄采	저역	저역	
42	통감시대	국사	初等大東歷史	朴晶東	1909	同文社	저역	저역	
43	통감시대	국사	初等大韓歷史	鄭寅琥	1908	玉琥書林	저역	저역	
44	통감시대	국사	초등대한력ᄉ(全)	조종만	1908	漢陽書館	저역	저역	
45	통감시대	국사	初等本國歷史	安鍾和	1909	廣德書館	저역	저역	
46	통감시대	국사	初等本國略史	朴晶東	1909	金相天	저역	저역	
47	통감시대	국사	初等本國歷史	柳瑾	1908	廣學書舖	저역	저역	
48	통감시대	국사	初等本國略史	興士團	1909	同文館	저역	저역	
49	통감시대	국사	初等歷史(2책)	桓興		恒興	저역	저역	
50	통감시대	기타	乙支文德	申采浩	1908	金相萬	저역	저역	
51	통감시대	기타	신찬국문가뎡간독	李鼎煥	1908	李鼎煥	저역	저역	
52	통감시대	기타	新撰尺牘完編(2책)	金雨均	1908	同文社	저역	저역	
53	통감시대	기타	간략ᄒ시험(簡略試驗)	李理涅河	1910	露國正敎會	저역	저역	
54	통감시대	기타	감리회쇼년문답 (監理會少年問答)	監理敎會	1909		저역	저역	
55	통감시대	기타	경국미담(經國美談): 上·下(2책)	玄公廉	1908	玄公廉	저역	저역	
56	통감시대	기타	구셰진주(救世眞主)	バアード	1907	耶穌敎書會	저역	저역	
57	통감시대	기타	금수회의록(禽獸會議錄)	安國善	1908	皇城書籍 組合	저역	저역	
58	통감시대	기타	羅蘭夫人傳	大韓每日 新聞社	1908	博文書館	저역	저역	
59	통감시대	기타	누가복음(路加福音)				저역	저역	
60	통감시대	기타	독립정신(獨立精神)	리승만	1910	大同書院	저역	저역	

순번	시대	분야	교과서명	편저자	연도	발행자	문체	기타	소장
61	통감시대	기타	마가복음(馬加福音)				저역	저역	
62	통감시대	기타	마태복음(馬太福音)				저역	저역	
63	통감시대	기타	夢見諸葛亮	劉元均	1908	金相萬	저역	저역	
64	통감시대	기타	普通敎科國民儀節	陳熙星	1908	韓應履	저역	저역	
65	통감시대	기타	ᄉ도힝젼(使徒行傳)	大英聖書公會	1910	耶穌敎書會	저역	저역	
66	통감시대	기타	四史聖經		1910		저역	저역	
67	통감시대	기타	四十二章經			嗣禪沙門守遂	저역	저역	
68	통감시대	기타	사회승람(社會勝覽)	金丙濟	1908	黃天秀	저역	저역	
69	통감시대	기타	瑞士建國誌		1907	大韓每日申報社 繙刊	저역	저역	
70	통감시대	기타	성경문답(聖經問答)	スクラソトソ	1906	耶穌敎書會	저역	저역	
71	통감시대	기타	성경요리문답	ゲール	1906		저역	저역	
72	통감시대	기타	新小說 愛國婦人傳	崇陽山人	1907	金相萬	저역	저역	
73	통감시대	기타	十九世紀歐洲文明進化論	李埰雨	1908	李埰雨	저역	저역	
74	통감시대	기타	愛國同盟團義文		1910		저역	저역	
75	통감시대	기타	愛國精神	愛國兒拉 著	1907	朱翰榮	저역	저역	
76	통감시대	기타	이국정신담(愛國精神談)	愛國兒拉 著·李埰雨 譯	1908	朱翰榮	저역	저역	
77	통감시대	기타	兩義士合傳	滄海子	1909		저역	저역	
78	통감시대	기타	어린아히문답(幼兒問答)	テート	1907	耶穌敎書會	저역	저역	
79	통감시대	기타	演說方法	安國善	1907	安國善	저역	저역	

순번	시대	분야	교과서명	편저자	연도	발행자	문체	기타	소장
80	통감시대	기타	예수교문답(耶蘇敎問答)	アンダーウツド	1907	耶穌敎書會	저역	저역	
81	통감시대	기타	예수힝젹ᄎ셔록 (耶蘇行蹟次序錄)	セーイーアダムズ	1909	大韓耶蘇 敎長老會	저역	저역	
82	통감시대	기타	요한복음(約翰福音)				저역	저역	
83	통감시대	기타	우순소리(笑話)	尹致昊	1908	尹致昊	저역	저역	
84	통감시대	기타	圓覺經(5책)	佛陀多羅 譯			저역	저역	
85	통감시대	기타	遺敎經			嗣禪沙門守 遂	저역	저역	
86	통감시대	기타	六祖法寶壇經			六祖惠能	저역	저역	
87	통감시대	기타	즘언(箴言)			聖書公會	저역	저역	
88	통감시대	기타	中國魂	梁啓超	1908	張志淵	저역	저역	
89	통감시대	기타	쥬긔도문쥬셕 (主祈禱文註釋)		1908	耶穌敎書會	저역	저역	
90	통감시대	기타	眞理使讀三字經		1908	耶穌敎書會	저역	저역	
91	통감시대	기타	찬미가(讚美歌)	尹致昊	1908	金相萬	저역	저역	
92	통감시대	기타	창세긔(創世記)				저역	저역	
93	통감시대	기타	靑年立志編	大垣丈夫 著· 劉文相 譯	1908	弘文館	저역	저역	
94	통감시대	기타	텬쥬셩교십이단 (天主聖敎十二端)	ミナオスチン	1908		저역	저역	
95	통감시대	기타	國文句解新纂尺牘	李鼎煥	1909	玄公廉	저역	저역	
96	통감시대	기타	民族競爭論	劉鎬植	1908	古今書海館	저역	저역	
97	1905년 이전	농업	栽桑全書	玄公廉	1905	學部	국한문	역술	
98	1905년 이전	농업	農政新編	安宗洙	1905		한문	재간행	1881년작

순번	시대	분야	교과서명	편저자	연도	발행자	문체	기타	소장
99	1905년 이전	농업	蠶桑 實驗說	金嘉鎭	1901	廣文社	국한문	저술	
100	통감시대	농업	果樹栽培法(全)	金鎭初	1909	普成社	저역	저역	
101	통감시대	농업	農業大要	李覺鍾	1910	滙東書館	저역	저역	
102	통감시대	농업	農業新論(下)	權輔相 譯述	1908	普成館	저역	저역	
103	통감시대	농업	農業入門	普成館編輯部	1908	普成館	저역	저역	
104	통감시대	농업	疏菜栽培全書	張志淵			저역	저역	
105	통감시대	농업	新訂蠶業大要	文錫琬	1909	普成館	저역	저역	
106	통감시대	농업	新撰應用肥科學	金達鉉	1910	閔瀶鎬	저역	저역	
107	통감시대	농업	實利農方新編	李覺鍾	1909	李海朝	저역	저역	
108	통감시대	농업	實用果栽培書(全)	金載億	1910	廣德書館	저역	저역	
109	통감시대	농업	養蠶實驗設	李錫烈 譯·鄭宇相 編	1908	右文館	저역	저역	
110	통감시대	농업	養鷄新編	井上正賀	1908	金相萬	저역	저역	
111	통감시대	농업	初等學農業大要(2책)	朴晶東	1908	洪箕周	저역	저역	
112	통감시대	농업	最新作蠶學	文錫琬	1908	光東書局	저역	저역	
113	1897학부	독본	牖蒙彙編		1896	學部	국한문	편찬	중도
114	1897학부	독본	尋常小學 卷一		1896	學部	국한문	편찬	아세아문화사
115	1897학부	독본	尋常小學 卷二		1896	學部	국한문	편찬	아세아문화사
116	1897학부	독본	尋常小學 卷三		1896	學部	국한문	편찬	아세아문화사
117	1897학부	독본	國民小學讀本		1895	學部	국한문	편찬	아세아문화사
118	1897학부	독본	小學讀本		1895	學部	국한문	편찬	아세아문화사
119	1905년 이전	독본	국문독본	조원시	1902	미이미 교회	국문	저술	중도

순번	시대	분야	교과서명	편저자	연도	발행자	문체	기타	소장
120	1905년 이전	독본	牖蒙千字(유몽쳔ᄌ) 권1~권4	G. S. Gale (奇一)	1904	대한성교서회	국한문	저술	중도
121	통감시대	독본	高等小學讀本(2책)	徽文義塾 編輯部	1907	徽文館	국한문	저역	
122	통감시대	독본	국문과본(國文課本)	元泳義	1908	中央書館	국한문	저역	
123	통감시대	독본	國漢文簡牘(2책)	金雨均	1908	同文社	저역	저역	
124	통감시대	독본	녀ᄌ독본(女子讀本: 2책)	張志淵	1908	金相萬	저역	저역	
125	통감시대	독본	勞動夜學讀本	俞吉濬	1908	俞吉濬	저역	저역	
126	통감시대	독본	蒙學必讀	崔在學			저역	저역	
127	통감시대	독본	普通學校學徒用 國語讀本 (6책)	學部編輯局	1908	學部	저역	저역	
128	통감시대	독본	婦幼獨習	姜華錫	1908	李駿求	저역	저역	
129	통감시대	독본	新薹初等小學(6책)	玄采	1909	玄采	저역	저역	
130	통감시대	독본	幼年必讀(2책)	玄采	1907	玄采	저역	저역	
131	통감시대	독본	幼年必讀擇義(2책)	玄采	1907	玄采	저역	저역	
132	통감시대	독본	幼稚讀本(3책)	朴晶東	1908	洪箕周	저역	저역	
133	통감시대	독본	初等小學(4책)	大韓民國 敎育會	1906	大韓民國 敎育會	저역	저역	
134	통감시대	독본	初等小學	普成館	1908	普成館	저역	저역	
135	통감시대	독본	初等女學讀本	李源兢·邊瑩中	1908		저역	저역	
136	통감시대	독본	初等捷徑	韓承坤	1908	光明書館	저역	저역	
137	통감시대	독본	初等學讀本(4책)	朴晶東	1908	洪箕周	저역	저역	
138	통감시대	독본	樵牧必知	鄭崙秀	1903	安泰瑩	저역	저역	

순번	시대	분야	교과서명	편저자	연도	발행자	문체	기타	소장
139	통감시대	독본	最新初等小學(4책)	鄭寅琥	1908	鄭寅琥	저역	저역	
140	통감시대	독본	신뎡국문첩경일이합부	韓承坤	1908	金燦斗·朴致錄	저역	저역	
141	통감시대	동·식물	동물학	W. M. Baird 女史譯	1906		저역	저역	
142	통감시대	동·식물	普通動物學敎科書	普成館編輯部	1908	普成館	저역	저역	
143	통감시대	동·식물	식물도설	Dr. A. L. Gray	1906		저역	저역	
144	통감시대	동·식물	植物學	玄采	1908	玄公廉	저역	저역	
145	통감시대	동·식물	植物學 1·2(2책)	尹藤榮 譯述	1908		저역	저역	
146	통감시대	동·식물	植物學敎科書	尹泰永	1908	普成館	저역	저역	
147	통감시대	동·식물	新編動物學(全)	申海溶	1908	滙東書館	저역	저역	
148	통감시대	동·식물	中等動物學	朴重華	1910	新舊書林·光東書局	저역	저역	
149	통감시대	동·식물	初等動物學	鄭寅琥	1908	洪淳珏·鄭寅琥	저역	저역	
150	통감시대	동·식물	初等動物學敎科書	鄭寅琥	1908	鄭寅琥	저역	저역	
151	통감시대	동·식물	初等植物學	鄭寅琥	1908	鄭寅琥	저역	저역	
152	1905년 이전	문법	국문정리	리봉운	1897		국문	저술	역대
153	통감시대	문법	改正初等國語語典(3책)	金熙祥	1910	金熙祥	저역	저역	
154	통감시대	문법	高等國語文典(竝, 孫子, 東文, 韓國敎育制度)				저역	저역	

순번	시대	분야	교과서명	편저자	연도	발행자	문체	기타	소장
155	통감시대	문법	국문첩경(國文捷徑: 2책)	韓承坤	1907	光明書館	저역	저역	
156	통감시대	문법	국문초학	周時經	1908	博文書館	저역	저역	
157	통감시대	문법	國語文法	周時經	1910	周時經	저역	저역	
158	통감시대	문법	國語文典音學(소리갈)	周時經	1908	博文書局	저역	저역	
159	통감시대	문법	國語綴字捷徑	韓承坤	1907	光明書館	저역	저역	
160	통감시대	문법	대한국어문법	周時經	1906	(自筆本)	저역	저역	
161	통감시대	문법	大韓(朝鮮)文典				저역	저역	
162	통감시대	문법	大韓文典	崔光玉	1908	金庸濟	저역	저역	
163	통감시대	문법	大韓文典	俞吉濬	1909	俞吉濬	저역	저역	
164	통감시대	문법	實地應用作文法	崔在學	1908	鄭雲復	저역	저역	
165	통감시대	문법	言(諺)文	池錫永	1909	廣學書舖	저역	저역	
166	통감시대	문법	精選日韓言文自通	宋憲奭	1909	安泰瑩	저역	저역	
167	통감시대	문법	初等國語語典(3책)	金熙祥	1909	金熙祥	저역	저역	
168	통감시대	문법	初等學習問架結構	金相萬	1909	(毛筆石版)	저역	저역	
169	통감시대	문법	初等諺文		1909		저역	저역	
170	1905년 이전	물리	初等物理學教科書(全)	陳熙星	1903	義進社	국한문	역술	
171	통감시대	물리	改訂中等物理學教科書	閔大植	1910	閔大植	저역	저역	
172	통감시대	물리	物理初步	安一英·朴元復	1908		저역	저역	
173	통감시대	물리	普通理科教科書(全)	普成館編輯部譯	1908	普成館	저역	저역	
174	통감시대	물리	普通學校學徒用教科書	學部編輯局	1910	學部	저역	저역	
175	통감시대	물리	新撰小物理學	國民教育會	1906	劉臣爀·吳相奎	저역	저역	

순번	시대	분야	교과서명	편저자	연도	발행자	문체	기타	소장
176	통감시대	물리	中等物理學教科書	閔大植	1908	徽文館	저역	저역	
177	통감시대	물리	初等物理學教科書	陳熙星	1908	韓應履	저역	저역	
178	통감시대	물리	初等用簡明物理學教科書	崔在學 譯述	1907	安峴書館	저역	저역	
179	통감시대	물리	最新高等小學理科書	玄采	1908	玄采	저역	저역	
180	통감시대	미술	圖畫臨本	學部編輯局	1908	學部	저역	저역	
181	통감시대	미술	普通學校學徒用習字帖(4책)	學部編輯局	1909	學部	저역	저역	
182	통감시대	미술	鉛筆畫臨本(下)	李道榮			저역	저역	
183	통감시대	미술	中等用器畫法	吳榮根	1908	吳榮根	저역	저역	
184	통감시대	미술	初等習字間架結構	金相萬	1909	廣學書舖	저역	저역	
185	통감시대	박물	新撰小博物學	兪星濬·金相天	1907	金相天	저역	저역	
186	통감시대	박물	新編博物學(全)	李弼善 譯述	1907	普成館	저역	저역	
187	통감시대	박물	最新博物學敎科書	李觀熙	1910	李觀熙	저역	저역	
188	1897학부	법률	公法會通(3책)		1896	學部	한문	역술	중앙도서관 디지털 라이브러리
189	1905년 이전	법률	法學通論	兪星濬	1905	國民敎育會	국한문	저술	중도
190	1905년 이전	법률	增訂 法學通論	兪星濬	1905		국한문	저술	중도
191	통감시대	법률	改正刑法大典		1908	義進社	저역	저역	
192	통감시대	법률	物權法	柳東作	1907	普成社	저역	저역	
193	통감시대	법률	物權法(第一部)	柳致衡	1907	養正義塾	저역	저역	
194	통감시대	법률	物權法(第二部)	朴晚緒	1907	普成社	저역	저역	
195	통감시대	법률	民法總論	申佑善	1907	普成社	저역	저역	

순번	시대	분야	교과서명	편저자	연도	발행자	문체	기타	소장
196	통감시대	법률	民事訴訟法案講義	洪在祺	1907	普成社	저역	저역	
197	통감시대	법률	法規新選(全)	任學在	1909	任學在	저역	저역	
198	통감시대	법률	法學通論	兪星濬	1907	國民敎育會館	저역	저역	
199	통감시대	법률	商法要義	金祥演	1907	普成社	저역	저역	
200	통감시대	법률	商法總論	朱定均	1907	普成社	저역	저역	
201	통감시대	법률	商法總論	金祥演	1907		저역	저역	
202	통감시대	법률	相續法	朴晚緒	1907	普成社	저역	저역	
203	통감시대	법률	新法律	韓國大審院		韓國大審院	저역	저역	
204	통감시대	법률	增訂法學通論	兪星濬	1907	國民敎育會館	저역	저역	
205	통감시대	법률	債權法(第一部)	石鎭衡	1907	普成專門	저역	저역	
206	통감시대	법률	債權法(第二部): 甲	趙聲九 講述	1907	普成社	저역	저역	
207	통감시대	법률	行政法	安國善 譯述	1908	普成館	저역	저역	
208	통감시대	법률	行政法(全)	張憲植 講述	1907	普成社	저역	저역	
209	통감시대	법률	憲法	金祥演	1907	普成社	저역	저역	
210	통감시대	법률	憲法	兪致衡	1907	普成社	저역	저역	
211	통감시대	법률	憲法(全)	張世基·鄭寅琥·李載乾	1908		저역	저역	
212	통감시대	법률	憲法要義	趙聲九 講述			저역	저역	
213	통감시대	법률	刑法大典	李學在	1907		저역	저역	
214	통감시대	법률	刑法總論	張薰	1907	普成社	저역	저역	
215	통감시대	법률	現行大韓法規類編	財政顧問部 編			저역	저역	

순번	시대	분야	교과서명	편저자	연도	발행자	문체	기타	소장
216	통감시대	법률	會社法綱要	金年志	1907	普成社	저역	저역	
217	통감시대	법률	會社法(全)	金祥演 撰述	1907	普成社	저역	저역	
218	1897학부	사회	西禮須知		1896	學部	한문	편찬	복원
219	1897학부	산술	近易算術		1896	學部	국한문	편찬	중도
220	1897학부	산술	簡易四則算術		1896	學部	국한문	편찬	중도
221	1905년 이전	산술	산술신편(1)~(2)	필하와	1902	대한예수교서회	미상	미상	미상
222	1905년 이전	산술	算術敎科書(上·下)	李相卨 譯	1900		국한문	역술	
223	1905년 이전	산술	精選算學	南舜熙	1900	學部	국한문	역술	
224	통감시대	산술	簡易四則	玄公廉	1907	玄公廉	저역	저역	
225	통감시대	산술	고등 산학 신편	필하와 저/申海榮 述	1908	大韓耶穌敎書會	저역	저역	
226	통감시대	산술	近世代數	李相益	1909	徽文館印刷	저역	저역	
227	통감시대	산술	代數學敎科書	金埈鳳	1908	鄭象煥	저역	저역	
228	통감시대	산술	普通學校敎員用算術書	學部編輯局	1908	學部	저역	저역	
229	통감시대	산술	算術敎科書(2책)	李教承	1908	朴承■	저역	저역	
230	통감시대	산술	算術問題	精理舍	1909	(筆寫)	저역	저역	
231	통감시대	산술	算術新敎科書(2책)	樺正董	1908	三省堂	저역	저역	
232	통감시대	산술	算術新書	李相卨 譯	1908	玄公廉	저역	저역	
233	통감시대	산술	算術指南(2책)	柳錫泰	1909	(上)柳正烈 (下)安泰瑩	저역	저역	
234	통감시대	산술	산학신편	필하와	1908	대한예수교서회	저역	저역	
235	통감시대	산술	新訂敎科算學通編	李命七	1908	玄公廉	저역	저역	

순번	시대	분야	교과서명	편저자	연도	발행자	문체	기타	소장
236	통감시대	산술	新訂算術(尋常學年用)	李敎承	1907	廣學書舖	저역	저역	
237	통감시대	산술	新訂算術 (尋常二·三學年用)	梁在塞	1908	滙東書館	저역	저역	
238	통감시대	산술	新撰代數學敎科書	李敎承	1910	海東書林	저역	저역	
239	통감시대	상업	應用商業簿記學 (附工業簿記學)	金大熙	1909	義進社	저역	저역	
240	통감시대	산술	精選算學(上)	南舜喜	1907	搭印社	저역	저역	
241	통감시대	산술	精選算學解式(上)	南舜喜	1907	搭印社	저역	저역	
242	통감시대	산술	中等算術敎科書(2책)	玄公廉	1907		저역	저역	
243	통감시대	산술	中等算學	李元祚	1907	大同報社	저역	저역	
244	통감시대	산술	中程代數學敎科書	柳一宣	1910	池松旭	저역	저역	
245	통감시대	산술	重訂算學通編	李命七	1908	玄公廉	저역	저역	
246	통감시대	산술	中學敎科書算術新書	李相卨	1908	玄公廉	저역	저역	
247	통감시대	산술	初等近世算術	李相益	1908	徽文館	저역	저역	
248	통감시대	산술	初等算術敎科書(上)	柳一宣	1908	精理舍	저역	저역	
249	통감시대	산술	초등산학신편 (初等算學新編)	ミルラ― 編譯	1907	取穌敎書會	저역	저역	
250	통감시대	측량	最新山林田野實地 測量法(全)	陳熙星	1909	義進社	저역	저역	
251	통감시대	산술	最新算術(上·下: 2책)	金夏鼎	1908	日新社	저역	저역	
252	통감시대	측량	土地測量法	李韓龍	1908	光東書局	저역	저역	
253	통감시대	측량	土地測量術圖根及細部 測量之部	度之部測量課	1910	龍山印刷局	저역	저역	
254	통감시대	산술	平面幾何學	李命求	1909	李鍾楨	저역	저역	

순번	시대	분야	교과서명	편저자	연도	발행자	문체	기타	소장
255	통감시대	상업	簡易商業簿記學	任環宰	1908	徽文館	저역	저역	
256	통감시대	상업	商業大要	劉琬鍾	1907	普成館	저역	저역	
257	통감시대	상업	商業學(全)	張志淵 譯述	1907	廣文社	저역	저역	
258	통감시대	상업	新編銀行簿記	任環宰	1908	徽文館	저역	저역	
259	통감시대	상업	新編銀行簿記學(全)	任環宰	1908	任環宰	저역	저역	
260	통감시대	상업	實用家計簿記	閔大植	1908	徽文館	저역	저역	
261	통감시대	생리	병리학통론(卷1)	제중원	1907		저역	저역	
262	통감시대	생리	생리학	홍석우 역	1906	제중원	저역	저역	
263	통감시대	생리	新編生理學敎科書	安商浩	1909	韓應履	저역	저역	
264	통감시대	생리	新編生理學敎科書	홍석우 역	1906	제중원	저역	저역	
265	통감시대	생리	醫學講義(2책)				저역	저역	
266	통감시대	생리	中等生理衛生學	任環在	1907	徽文館	저역	저역	
267	통감시대	생리	中等生理學	普成館編輯部	1907	普成館	저역	저역	
268	통감시대	생리	진단학	홍석우	1906	제중원	저역	저역	
269	통감시대	생리	初等生理衛生學大要(全)	安鍾和 譯述	1909	廣德書館	저역	저역	
270	통감시대	생리	初等衛生學敎科書	安鍾和	1907	金相萬	저역	저역	
271	통감시대	생리	히부학	김필순 譯	1906	제중원	저역	저역	
272	1905년 이전	세계사	俄國略史	閔斐適 著·玄采 譯	1898	學部	국한문	역술	
273	1905년 이전	세계사	美國獨立史	金嘉鎭 述	1900	皇城新聞社	국한문	역술	
274	1905년 이전	세계사	法國 革新史	澁江保	1900	皇城新聞社	국한문	역술	
275	1905년 이전	세계사	埃及 近世史	張志淵 譯述	1905	皇城新聞社	국한문	역술	

순번	시대	분야	교과서명	편저자	연도	발행자	문체	기타	소장
276	1905년 이전	세계사	萬國史記	玄采	1897	學部	국문	저역	중도
277	1905년 이전	세계사	中國略史(合編)	學部 編輯局	1898	學部	국문	저역	
278	1897학부	수신	夙惠記略		1895	學部	국한문	편찬	중도
279	통감시대	수신	高等小學修身書	徽文義塾編輯部	1907	徽文館	국한문	저역	
280	통감시대	수신	男女平權論	崔鶴韶	1908	崔翼承	국한문	저역	
281	통감시대	수신	녀ᄌ쇼학슈신셔	盧炳善	1909	博文書館	국한문	저역	
282	통감시대	수신	童蒙修身書	李德懋·李豊鎬	1908	右文館	국한문	저역	
283	통감시대	수신	普通敎科修身書	閔大植	1910	閔大植	국한문	저역	
284	통감시대	수신	普通學修身書(4책)	朴晶東	1909	洪箕周	국한문	저역	
285	통감시대	수신	普通學校學徒用修身書(4책)	學部編輯局	1910	學部	국한문	저역	
286	통감시대	수신	心理學敎科書	金夏鼎	1907	普成館	국한문	저역	
287	통감시대	수신	女子修身敎科書	盧炳善	1909	盧益亨	국한문	저역	
288	통감시대	수신	倫理學敎科書(2책)	申海永	1908	普成館	국한문	저역	
289	통감시대	수신	中等修身敎科書(2책)	徽文義塾編輯部	1906	徽文館	국한문	저역	
290	통감시대	수신	初等小學修身書	柳瑾	1908	金相萬	국한문	저역	
291	통감시대	수신	初等修身	朴晶東	1909	金泰玉	국한문	저역	
292	통감시대	수신	初等修身敎科書	安種和	1910	金相萬	국한문	저역	
293	통감시대	수신	初等倫理學敎科書	安種和	1910	金相萬	국한문	저역	
294	통감시대	어업	魚驗法論	申佑善	1907	普成社	저역	저역	

순번	시대	분야	교과서명	편저자	연도	발행자	문체	기타	소장
295	1897학부	역사	泰西新史攬要(漢文本)	리제마태	1877	學部	한문	역술	중앙도서관 디지털 라이브러리
296	1897학부	역사	泰西新史攬要(국문2책)	리제마태	1897	學部	국문	역술	중앙도서관 디지털 라이브러리
297	1897학부	역사	朝鮮歷史		1896	學部	국한문	편찬	중도
298	1897학부	역사	萬國史略(上下)		1896	學部	국한문	편찬	중도
299	통감시대	외국사	改訂東洋歷史	新保磐次	1909	金港堂	저역	저역	
300	통감시대	외국사	東西洋歷史(2책)	玄采	1907	普成館	저역	저역	
301	통감시대	외국사	東西洋敎科書	兪鈺兼	1908	兪鈺兼	저역	저역	
302	통감시대	외국사	羅馬史(附意太利史)	玄采 譯	1907	玄公廉	저역	저역	
303	통감시대	외국사	萬國事物紀元歷史	張志淵	1909	皇城新聞社	저역	저역	
304	통감시대	외국사	萬國通鑑(5책)	謝公衛樓			저역	저역	
305	통감시대	외국사	美國獨立史	監川一太郎 譯	1907	皇城新聞社	저역	저역	
306	통감시대	외국사	美國獨立史	玄隰	1907	吳榮根·玄公廉	저역	저역	
307	통감시대	외국사	法蘭西新史	玄采 譯述	1906	興學社	저역	저역	
308	통감시대	외국사	普魯士國厚禮斗益大王, 七年戰史		1908	金相萬	저역	저역	
309	통감시대	외국사	普法戰紀	大東書市·廣韓書林	1908		저역	저역	
310	통감시대	외국사	比律賓戰史	安國善	1907	普成館	저역	저역	
311	통감시대	외국사	西洋史敎科書	兪鈺兼	1910	廣韓書林	저역	저역	
312	통감시대	외국사	世界殖民史	山內正瞭	1908	李埰雨	저역	저역	

순번	시대	분야	교과서명	편저자	연도	발행자	문체	기타	소장
313	통감시대	외국사	新編西洋史	磯田良·關榮太郎	1910	三星堂	저역	저역	
314	통감시대	외국사	尋常小學日本歷史(2책)	文部省	1909	文部省	저역	저역	
315	통감시대	외국사	월남망국사(越南亡國史)	李相益	1907	玄公廉	저역	저역	
316	통감시대	외국사	越南亡國史	玄采	1907		저역	저역	
317	통감시대	외국사	伊太利建國三傑傳	申采浩	1907	金相萬	저역	저역	
318	통감시대	외국사	伊太利獨立史	金德均	1907	鄭喜鎭	저역	저역	
319	통감시대	외국사	日本史記	玄采	1907	玄采	저역	저역	
320	통감시대	외국사	精選萬國史	金祥演 撰述	1906	金相萬	저역	저역	
321	통감시대	외국사	中等萬國史	兪承兼	1907	唯一書館	저역	저역	
322	통감시대	외국사	中學歷史教科書(東洋史之卷)	小川銀次郎	1910	三星堂	저역	저역	
323	통감시대	외국사	中等訂正教科西洋歷史	瀬川秀雄	1908	富山房	저역	저역	
324	통감시대	외국사	波蘭末年歷史	澁江保	1906	吳榮根·玄公廉	저역	저역	
325	통감시대	외국사	華盛頓傳	李海朝	1908	高裕相	저역	저역	
326	통감시대	외국어	改訂精選日語大海	朴重華	1909	李鍾楨	저역	저역	
327	통감시대	외국어	高等日文讀本	朴重華	1910	光東書局	저역	저역	
328	통감시대	외국어	獨習日語正則	鄭雲復	1907	金相萬	저역	저역	
329	통감시대	외국어	普通日本語典	崔在翊	1906	小杉謹八	저역	저역	
330	통감시대	외국어	普通學校學徒用日語讀本	學部編輯局	1908	學部	저역	저역	
331	통감시대	외국어	兒學編(英語單語倂記)	丁若鏞 原著	1907	池錫永	저역	저역	
332	통감시대	외국어	英語教科書(英語·한글)		1908		저역	저역	

순번	시대	분야	교과서명	편저자	연도	발행자	문체	기타	소장
333	통감시대	외국어	日語讀本	學部編輯局	1909	學部	저역	저역	
334	통감시대	외국어	日語讀習	孫鵬九	1907	孫鵬九	저역	저역	
335	통감시대	외국어	日本語學音語編	林圭	1909	金恩國	저역	저역	
336	통감시대	외국어	日語大成	鄭雲復	1910	金相萬	저역	저역	
337	통감시대	외국어	日語正編	南宮濬	1910	南宮濬	저역	저역	
338	통감시대	외국어	精選日語大海	朴重華	1908	李鍾楨	저역	저역	
339	통감시대	외국어	中等教科明治文典(3책)	芳賀矢一	1907	富山房	저역	저역	
340	통감시대	외국어	中學作文教科書(5책)	古谷知新	1908	實文館	저역	저역	
341	1905년 이전	외국 지리	中等萬國地誌	朱學煥·盧載淵	1902	學部	국한문	저술	영인
342	통감시대	외국 지리	萬國地理(2책)	黃潤德	1907	普成館	저역	저역	
343	통감시대	외국 지리	分邦詳密萬國大地圖	崇山堂編	1907	崇山堂	저역	저역	
344	통감시대	외국 지리	新訂中等萬國新地志 (2책)	金鴻鄕	1907	廣學書舖	저역	저역	
345	통감시대	외국 지리	新訂中等萬國地志	宋憲奭	1910	唯日書館· 光東書局	저역	저역	
346	통감시대	외국 지리	新撰外國地誌(2책)	陳熙星	1907	日新社 編輯部	저역	저역	
347	통감시대	외국 지리	中等萬國新地誌乾·坤 (2책)	金鴻鄕	1907	廣學書舖	저역	저역	
348	통감시대	외국 지리	中等萬國地誌(3책)	朱榮煥·盧載淵		(學部印刷)	저역	저역	
349	통감시대	외국 지리	中等外國地理	兪鈺兼	1908	私立普成 中學校	저역	저역	
350	통감시대	외국 지리	初等萬國地理大要	安鍾和	1909	徽文館	저역	저역	

순번	시대	분야	교과서명	편저자	연도	발행자	문체	기타	소장
351	통감시대	외국지리	初等外國地理	俞鈺兼	1910	俞鈺兼	저역	저역	
352	통감시대	음악	普通敎育唱歌集(第1輯)	學部編輯局	1910	學部	저역	저역	
353	1905년 이전	의약학	種痘新書	古城 梅溪 述	1898	學部	미상	미상	미상
354	1905년 이전	의약학	약물학(上, 무긔질)	어비신 譯	1905	제중원	국한문	역술	
355	1905년 이전	의약학	약물학	어비신 譯	1905	제중원	국한문	역술	
356	통감시대	이과	理科書 1·2(2책): 日文	學部編輯局	1908	學部	저역	저역	
357	통감시대	작문	文章指南	崔在學	1908	徽文館	저역	저역	
358	통감시대	작문	文章體法	李鍾麟	1908	金相奎	저역	저역	
359	통감시대	작문	初等作文法	元泳義·李鍾愼·林源相			저역	저역	
360	통감시대	전통교육	古小學大全具解(2책)	姜琉熙	1910	廣東書局	고전	고전	
361	통감시대	전통교육	論語				고전	고전	
362	통감시대	전통교육	論語集註	閔濬鎬 集編	1909	閔濬鎬	고전	고전	
363	통감시대	전통교육	論語集註	鄭雲復	1909	鄭雲復	고전	고전	
364	통감시대	전통교육	大同文粹	徽文義塾 編輯部	1907	徽文館	고전	고전	
365	통감시대	전통교육	大學		1909	李漢龍	고전	고전	
366	통감시대	전통교육	大學集註	鄭雲復 集編	1910	鄭雲復	고전	고전	
367	통감시대	전통교육	孟子				고전	고전	

순번	시대	분야	교과서명	편저자	연도	발행자	문체	기타	소장
368	통감시대	전통교육	孟子集註	閔濬鎬 集編	1909	閔濬鎬	고전	고전	
369	통감시대	전통교육	孟子集註	鄭雲復 集編	1909	鄭雲復	고전	고전	
370	통감시대	전통교육	明心寶鑑		1908		고전	고전	
371	통감시대	전통교육	夢學漢文初階	元泳義	1908		고전	고전	
372	통감시대	전통교육	類合				고전	고전	
373	통감시대	전통교육	註解監本論語	李鍾楨 集編	1910	李鍾楨	고전	고전	
374	통감시대	전통교육	中庸集註	鄭雲復 集編	1910	鄭雲復	고전	고전	
375	통감시대	전통교육	懸吐具解監本孟子	魚允迪 集編	1908	玄公廉	고전	고전	
376	통감시대	전통교육	懸吐具解集註中庸	吳聖根 集編	1910	盧益亨	고전	고전	
377	통감시대	전통교육	孝經				고전	고전	
378	통감시대	전통교육	孝經大義	鮮于日 集編	1910	金相萬	고전	고전	
379	통감시대	전통교육	兒學編	丁若鏞	1908	池錫永	한문	재간행	
380	통감시대	정치	國法學	金祥演	1907		저역	저역	
381	통감시대	정치	强者의 權利競爭	劉文相	1908	義進社	저역	저역	
382	통감시대	정치	國家思想學	鄭寅琥	1908	鄭寅琥	저역	저역	
383	통감시대	정치	國家學	金祥寅 譯述			저역	저역	

순번	시대	분야	교과서명	편저자	연도	발행자	문체	기타	소장
384	통감시대	정치	國家學綱領	伯倫知理 著·安鍾和 譯	1907	金相萬	저역	저역	
385	통감시대	정치	國民須知	金宇植	1907	金相萬	저역	저역	
386	통감시대	정치	國民自由進步論	劉鎬植	1908	古今書海館	저역	저역	
387	통감시대	정치	列强의 現勢	尹台鎭·河九鎔	1908		저역	저역	
388	통감시대	정치	二十世紀之大慘劇 帝國主義	卞榮晩	1908	金相萬	저역	저역	
389	통감시대	정치	政治原論	安國善	1907	安國善	저역	저역	
390	통감시대	정치	政學原論	普成館	1908	普成館	저역	저역	
391	통감시대	정치	地方行政論(全)	趙聲九 撰述	1908	中央書館	저역	저역	
392	1897학부	지리	東輿地圖		1896	學部	한문	편찬	중도
393	1897학부	지리	朝鮮地誌		1895	學部	국한문	편찬	중도
394	1897학부	지리	輿載撮要		1896	學部	한문	편찬	중도
395	1897학부	지리	地璆略論(지구약론)		1896	學部	국문 (한자부속)	편찬	복원
396	1897학부	지리	萬國地誌		1896	學部	국한문	편찬	중도
397	1897학부	지리	士民必知(漢文本)	헐버트	1896	學部	한문	역술	중도
398	1897학부	지리	士民必知(국문본)	헐버트	미상	미상	한문	편찬	복원
399	1897학부	지리	小地球圖着色		1896	學部	한문	편찬	미상
400	1897학부	지리	國文小地球圖着色		1896	學部	국문	편찬	미상
401	1905년 이전	지리	大韓疆域考	丁茶山	1905	博文社	한문	재간행	
402	1905년 이전	지리	大韓地誌(2책)	玄采	1899	廣文社	국한문	저술	아세아
403	통감시대	천문	天文學	鄭永澤	1908	普成館	저역	저역	

순번	시대	분야	교과서명	편저자	연도	발행자	문체	기타	소장
404	통감시대	체육	新式體操法	趙瑗熙	1909	徐起淳	저역	저역	
405	통감시대	체육	最新式體操法	李宅基	1909	玄公廉	저역	저역	
406	통감시대	체육	學校體操教科書	學部編輯局	1910	學部	저역	저역	
407	통감시대	측량	精選土地測量法	朱榮運·李海東	1908	大韓書林	저역	저역	
408	통감시대	한국지리	大韓新地誌乾·坤(2책)	張志淵	1909	徽文館	저역	저역	
409	통감시대	한국지리	大韓帝國地圖	玄公廉	1908	玄公廉	저역	저역	
410	통감시대	한국지리	大韓地誌 上·下 (2책)	李源兢	1907	玄公廉	저역	저역	
411	통감시대	한국지리	大韓地誌教科書	大同書館	1908	大同書館	저역	저역	
412	통감시대	한국지리	問答大韓新地誌	博文書館 編輯部	1908	盧益亨	저역	저역	
413	통감시대	한국지리	사민필지전십륙, 가뎡				저역	저역	
414	통감시대	한국지리	新訂分道大韓帝國地圖	玄公廉		玄公廉	저역	저역	
415	통감시대	한국지리	新撰地文學	閔大植	1907	徽文館	저역	저역	
416	통감시대	한국지리	新編大韓地理(全)	金建中 譯述	1907	普成館	저역	저역	
417	통감시대	한국지리	精選地文教科書	金東圭	1909	義進社	저역	저역	
418	통감시대	한국지리	中等地文學	尹泰榮 譯述	1907	普成館	저역	저역	
419	통감시대	한국지리	初等大韓地誌(全)	安鍾和 述	1907	廣學書舖	저역	저역	

순번	시대	분야	교과서명	편저자	연도	발행자	문체	기타	소장
420	통감시대	한국지리	초등디한디지(全)	조종만	1908	漢陽書館	저역	저역	
421	통감시대	한국지리	初等本國地理(2책)	朴晶東	1909	同文館	저역	저역	
422	통감시대	한국지리	初等地理教科書	國民教育會	1907	國民教育會	저역	저역	
423	통감시대	한국지리	초학디지	Mrs. E. H. Miller	1906	대한예수교서회	저역	저역	
424	통감시대	한국지리	初學地誌	헐벗	1906		저역	저역	
425	통감시대	한국지리	最新初等大韓地誌	鄭寅琥	1909	鄭寅琥	저역	저역	
426	통감시대	한국지리	韓國地理教科書	學部編輯局	1909	學部	저역	저역	
427	1905년 이전	한문	進明彙編	金相天	1905		국한문	저술	소장
428	통감시대	한문	擊蒙要訣	李珥			저역	저역	
429	통감시대	한문	啓蒙編				저역	저역	
430	통감시대	한문	高等敎科古文略選	呂圭亨		(學部印刷)	저역	저역	
431	통감시대	한문	高等漢文讀本	朴殷植	1910	崔昌善	저역	저역	
432	통감시대	한문	文章指南	崔在學	1908	徽文館	저역	저역	
433	통감시대	한문	普通敎育漢文讀本(4책)	李琮夏	1910	廣德書館	저역	저역	
434	통감시대	한문	普通學校學徒用漢文讀本(4책)	學部編輯部	1910	學部	저역	저역	
435	통감시대	한문	普通學校學徒用漢文讀本(2책)				저역	저역	
436	통감시대	한문	普通學校漢文讀本(全) 小學	徽文館	1908	徽文館	저역	저역	

순번	시대	분야	교과서명	편저자	연도	발행자	문체	기타	소장
437	통감시대	한문	小學	鄭泰夏 集編	1909	李漢昌	저역	저역	
438	통감시대	한문	小學漢文讀本(2책)	元泳義	1908	元泳義	저역	저역	
439	통감시대	한문	速成漢字課本	徽文館編輯部	1909	徽文館	저역	저역	
440	통감시대	한문	新訂千字文	李承喬	1909	李承喬	저역	저역	
441	통감시대	한문	牖蒙續編	奇一	1907		저역	저역	
442	통감시대	한문	幼學字聚	尹致鎬	1909	金相萬	저역	저역	
443	통감시대	한문	字典釋要	池錫永	1909	高裕相	저역	저역	
444	통감시대	한문	初等階梯首集				저역	저역	
445	통감시대	한문	最新國文教科書	蔣維鎬·莊兪		上海商務印書局	저역	저역	
446	통감시대	한문	漢文讀本(4책)	學部編輯局		學部	저역	저역	
447	통감시대	한문	漢文入門	學部編輯局		學部	저역	저역	
448	통감시대	한문	漢文初學(4책)	黃漢東	1910	南鴻祐	저역	저역	
449	통감시대	한문	漢文學教科書	呂圭亨	1908	私立普成中學校	저역	저역	
450	통감시대	한문	漢文學教科書	尹泰榮 譯述	1907	普成館	저역	저역	
451	1905년 이전	화학	近世 小化學	閔大植	1903	徽文舘	국한문	역술	
452	통감시대	화학	改訂理科教科書(理化編)	佐藤禮介·根岸福彌	1909	文盟館	저역	저역	
453	통감시대	화학	改訂新撰理化學(全)	朴晶東	1909	廣學書舖	저역	저역	
454	통감시대	화학	高等女學校用化學鑛物教科書	高等女學校理科研究會	1909	瀨川光行	저역	저역	
455	통감시대	화학	近世化學(全)	大韓醫院	1909	大韓醫院	저역	저역	
456	통감시대	화학	新撰理化學	朴晶東	1908	金相萬	저역	저역	

순번	시대	분야	교과서명	편저자	연도	발행자	문체	기타	소장
457	통감시대	화학	新擇實驗理化學教科書	李觀熙	1910	李觀熙	저역	저역	
458	통감시대	화학	新撰理化學(全)	朴晶東	1908	廣學書舖	저역	저역	
459	통감시대	화학	新撰中等無機化學	柳鎭永·具滋興	1910	李鍾楨	저역	저역	
460	통감시대	화학	新撰化學敎科書	劉文相	1908	韓應履	저역	저역	
461	통감시대	화학	新編化學	安衛中	1907	普成館	저역	저역	
462	통감시대	화학	신편화학교과서(무긔질)	吉田彦六郎	1906	濟衆院	저역	저역	
463	통감시대	화학	中等化學敎科書	洪仁杓 譯			저역	저역	
464	통감시대	화학	初等理化學	李弼善·陳熙星	1907	普成館	저역	저역	

4. 일제강점기 교과용 도서 목록

1) 총독부 편찬

순번	교과서명	저자(발행자)	권수	언어	분야	학교급
1	보통학교 수신서 생도용	조선총독부	4	일본어	수신	보통학교
2	보통학교 수신서 생도용(언문역)	조선총독부	3	국문	수신	보통학교
3	보통학교 수신서 교사용	조선총독부	3	일본어	수신	보통학교
4	보통학교 수신 괘도	조선총독부	1~2학년용	일본어	수신	보통학교
5	보통학교 국어독본	조선총독부	8	일본어	일본어	보통학교
6	보통학교 습자첩	조선총독부	4	일본어	일본어	보통학교
7	보통학교 조선어급 한문독본	조선총독부	3(추후6)	국문	조선어	보통학교
8	보통학교 산술서 교사용	조선총독부	3	일본어	수학	보통학교
9	보통학교 이과서 생도용	조선총독부	2	일본어	이과	보통학교
10	신편 창가집	조선총독부	1	일본어	음악	보통학교
11	라마자 신편 창가집	조선총독부	1	일본어	음악	보통학교
12	보통학교 농업서	조선총독부	2	일본어	농업	보통학교
13	보통학교 농업서(조선역문)	조선총독부	2	국문	농업	보통학교
14	속수국어독본	조선총독부	1	일본어	일본어	보통학교
15	고등국어독본	조선총독부	8	일본어	일본어	고등보통
16	고등습자첩	조선총독부	2	일본어	일본어	고등보통
17	고등조선어급한문독본	조선총독부	4	국문	조선어	고등보통
18	일본지리교과서	조선총독부	1	일본어	지리	고등보통
19	일본지리교과서(조선역문)	조선총독부	1	국문	지리	고등보통

순번	교과서명	저자(발행자)	권수	언어	분야	학교급
20	일본지리교과서부도	조선총독부	1	일본어	지리	고등보통
21	지문학교과서	조선총독부	1	일본어	지문	고등보통
22	외국역사교과서	조선총독부	1	일본어	역사	고등보통
23	교육학교과서	조선총독부	1	일본어	교육	고등보통
24	작물교과서(작물통론의 부)	조선총독부	1	일본어	농업	농업학교
25	작물교과서(작물각론의 부)	조선총독부	1	일본어	농업	농업학교
26	작물교과서(원예작물의 부)	조선총독부	1	일본어	농업	농업학교
27	작물병충해 교과서	조선총독부	1	일본어	농업	농업학교
28	비료 교과서	조선총독부	1	일본어	농업	농업학교
29	토양 급 농구 교과서	조선총독부	1	일본어	농업	농업학교
30	양잠교과서(재상 급 사육의 부)	조선총독부	1	일본어	농업	농업학교
31	양잠교과서(잠체 생리 급 병리의 부)	조선총독부	1	일본어	농업	농업학교
32	축산교과서	조선총독부	1	일본어	농업	농업학교
33	농산제조 교과서	조선총독부	1	일본어	농업	농업학교
34	삼림 교과서(조림의 부)	조선총독부	1	일본어	농업	농업학교
35	삼림 교과서(삼림 보호 급 측수의 부)	조선총독부	1	일본어	농업	농업학교
36	측량 교과서	조선총독부	1	일본어	농업	농업학교
37	농업경제 급 법규 교과서	조선총독부	1	일본어	농업	농업학교
38	농업 이과 교과서 (식물 동물 급 인체 생리의 부)	조선총독부	1	일본어	농업	농업학교
39	농업 이과 교과서 (물리 화학 급 광물의 부)	조선총독부	1	일본어	농업	농업학교
40	수산교과서(수산 각론의 부)	조선총독부	1	일본어	농업	농업학교

순번	교과서명	저자(발행자)	권수	언어	분야	학교급
41	수산 교과서(수산 개론의 부)	조선총독부	1	일본어	농업	농업학교
42	대일본제국도 분도(조선지방의 부)	조선총독부	1	일본어	지리	교수용
43	대일본제국도 분도(천지참사립 1폭)	조선총독부	1	일본어	지리	교수용
44	교육 칙유연의	조선총독부	1	일본어	교육	교수용
45	국어교수법	조선총독부	1	일본어	일본어	교수용

2) 검정교과서

순번	교과서명	저자	발행소	권수	언어	분야
1	조선어 대역 국어회화 입문	成田忠良	日韓書房	2	일본어	일어학습
2	신선 보습 국어독본	大出正篤	日韓書房	1	일본어	일어학습
3	보통학교독본괘도(권1,2)	吉江治平	集畵堂	2	일본어	일어학습
4	보통학교독본괘도(권3,4)	吉江治平	集畵堂	2	일본어	일어학습
5	보통학교 국어독본 교수 괘도	小川茂雄	有稻舘	2	일본어	일어학습
6	개정 초학첩경	한승곤	동양서원	1	국문	조선어
7	신찬 대수학 교과서	이교승	해동서림	1	국문	수학
8	신찬 외국지리	森山美夫	日韓書房	1	지리	일본어
9	최신 조선외도지리	현공렴	신구서림	1	국문	지리
10	신찬 대일본제국사략	日韓書房 編輯部	일한서방	1	일본어	역사
11	신찬대일본제국사략(조선문)	日韓書房 編輯部	일한서방	1	국문	역사
12	신찬 이과 교과서	현채	대창서원	1	국문	이과

순번	교과서명	저자	발행소	권수	언어	분야
13	생리학 초권	安愛理	야소교서원 (평양)	1	국문	생리위생
14	보통학교이과교수괘도(권1용)	小川茂雄	集畵堂	1	일본어	이과
15	보통학교이과괘도(권2용)	小川茂雄	集畵堂	1	일본어	이과
16	신찬 농업교과서	福島百藏· 김대희	集畵堂	1	미상	농업

3) 학부불인가

순번	교과서명	저자	발행자	권수	언어	분야
1	초등소학수신서	유근	김상만	1	국문	수신
2	고등소학수신서	휘문의숙 편집부	휘문관	1	국문	수신
3	중등소학수신서	휘문의숙 편집부	휘문관	2	국문	수신
4	여자 수신교과서	노병선	노익형	1	국문	수신
5	중학 수신교과서	井上哲次郎	金港堂	5	일본어	수신
6	기독교의 청년	김창제	민준호	1	국문	수신
7	삼강행실			1	국문	수신
8	동몽 수신서	이덕무·이풍호	우문관	1	국문	수신
9	신찬 소학교수법	진희성	의진사	1	국문	교육
10	사범 교육학	윤태영	보성관	1	국문	교육
11	실용 신교수법	狩野鷹力	金港堂	1	일본어	교육
12	간명 교육학	유옥겸	우문관	1	국문	교육
13	교육학	최광옥	면학회	1	국문	교육

순번	교과서명	저자	발행자	권수	언어	분야
14	학교 관리법	한면우	보성관	1	국문	교육
15	한문 가정학	시모다우다코저 (작신사) 현공렴 역	현공렴	1	국문	가정
16	신편 가정학	현공렴·박영무	현공렴	1	국문	가정
17	신정 가정학	현공렴	현공렴	1	국문	가정
18	초등 윤리학 교과서	안종화	김상만	1	국문	윤리
19	윤리학 교과서	신해영	보성관	2	국문	윤리
20	신편 윤리 교과서	井上哲次郎· 高山林次郎	金港堂	3	일본어	윤리
21	일어독습	손붕구	손붕구	1	일본어	일본어
22	일어잡지	渡瀬常吉	일어잡지사	5	국문	일본어
23	독습 일어정칙	정운복	김상만	1	국문	일본어
24	정선 일어대해	박중화	이종정	1	국문	일본어
25	재정 중등국문전	三土忠造	富山房	3	일본어	일본어
26	중등 작문 교과서	古谷知新	寶文舘	5	일본어	일본어
27	수정 일본문법 교과서	大槻文彦	開成館	2	일본어	일본어
28	世界讀本	池邊義象	吉川弘文館	1	일본어	일본어
29	明治 서한문 대전	內山政如	博文館	1	일본어	일본어
30	일어정편	남궁준	남궁준	1	국문	일본어
31	일본어학음어편	임규	김사국	1	국문	일본어
32	개정 정선일어대해	박중화	이종정	1	국문	일본어
33	중등교과 명치문전	芳賀矢一	富山房	3	일본어	일본어

순번	교과서명	저자	발행자	권수	언어	분야
34	일본어학음어편	임규	최창선	1	국문	일본어
35	실업보습독본	久松義典	明治書院	3	일본어	일본어
36	공덕양성 국민독본	普通教育研究會	種美堂	1	일본어	일본어
37	농민독본	橫井時敬	讀賣新聞社	4	일본어	일본어
38	수정 근세 국어문법	屋代雄太郎·杉田藤太郎	明治書院	1	일본어	일본어
39	정선 일어통편	현공렴	현은	1	국문	일본어
40	초등소학	국민교육회	국민교육회	4	국문	조선어
41	최신 초등소학	정인호	정인호	4	국문	조선어
42	유년필독	현채	현채	2	국문	조선어
43	국문독본	조원시	미이미 교회	1	국문	조선어
44	유몽천자	기일	대한성교서회	4	국문(한문)	조선어
45	녀ᄌ독본(여자독본)	장지연	김상만	2	국문	조선어
46	고등소학독본	휘문의숙	휘문관	2	국문	조선어
47	실지응용 작문법	최재학	정운복	1	국문	조선어
48	국문과본	원영의	중앙서관	1	국문	조선어
49	국어문전음학	주시경	노익형	1	국문	조선어
50	유년필독석의	현채	현채	2	국문	조선어
51	신편 척독완편	김우균	동문사	1	국문	조선어
52	신편 국문 가정 간독	이정환	고유상	1	국문	조선어
53	실지응용 조선어 독학서	弓場重榮·內藤健	哲學書院	1	일본어	조선어
54	국한문 간독	김우균	동문사	1	국문	조선어

순번	교과서명	저자	발행자	권수	언어	분야
55	부유독습	강화석	이준구	1	국문	조선어
56	대한문전	최광옥	면학회	1	국문	조선어
57	대한문전	유길준	유길준	1	국문	조선어
58	국어문법	주시경	주시경	1	국문	조선어
59	정선 일한언문자통	송헌석	안태형	1	국문	일본어
60	초학첩경	한승곤	광명서관	1	국문	조선어
61	신뎡 국문텹경	한승곤	김찬두·박치록	2	국문	조선어
62	국어 철자 첩경	한승곤	김찬두·박치록	1	국문	조선어
63	실용작문법	이각종	남궁준	1	국문	조선어
64	국문구해 신찬 척독	이정환	현공렴	1	국문	조선어
65	몽학 한문초계	원영의	원영의	1	한문	한문
66	속성한자과본	휘문관편집부	휘문관	1	한문	한문
67	최신 국문교과서	蔣維喬·莊兪	상해 상무인서관	4	중국어	중국어
68	소학 한문독본	원영의	원영의	1	한문	한문
69	신정 천자문	이승교	보성관	1	한문	한문
70	유학자취	윤치호	김상만	1	한문	한문
71	문장지남	최재학	휘문관	1	한문	한문
72	초등 작문법	원영의	이종정·박원상	1	한문	한문
73	고등교과 고문약선	여규형	학부인쇄	1	한문	한문

순번	교과서명	저자	발행자	권수	언어	분야
74	한문학 교과서	여규형	사립 보성중학교	1	한문	한문
75	고등한문독본	박은식	최창선	1	한문	한문
76	초학계제수집	미상	미상	1	한문	한문
77	신정 천자문	이종정	이종정	1	한문	한문
78	독습신안 일한대화	일어잡지사	盛文堂	1	일본어	조선어(일인)
79	일한통화	國分國夫	國分建見	1	일본어	조선어(일인)
80	일한 한일 신회화	島井浩	靑木嵩山堂	1	일본어	조선어(일인)
81	최신 초등 대한지지	정인호	정인호	1	국문	지지
82	최신 고등 대한지지	정인호	정인호	1	국문	지지
83	대한지지	현채	현채	2	국문	지지
84	대한 신지지	장지연	남순희	2	국문	지지
85	신편 대한지리	김건중	보성관	1	국문	지지
86	사민필지	헐버트	김택영의 역	1	국문	지지
87	대한강역고	정약용	박문사	1	한문	지지
88	문답 대한 신지지	박문서관 편집부	노익형	1	국문	지지
89	만국 신지지	佐藤傳藏	博文館	1	일본어	지지
90	초등 대한지지	안종화	김상만	1	국문	지지
91	대한지지 교과서	대동서관	대동서관	1	국문	지지
92	신정 중등 만국 신지지	김홍경	김상만	1	국문	지지
93	최신 세계 지리	정운복	일한서방	1	국문	지지
94	초등 지리 교과서	국민교육회	국민교육회	1	국문	지지

순번	교과서명	저자	발행자	권수	언어	분야
95	만국지지	학부	학부	1	국문	지지
96	만국 지리	황윤덕	보성관	2	국문	지지
97	중등 만국 지지	노익형·노재연	학부	3	국문	지지
98	소학지리	문부성	문부성	4	일본어	지지
99	수정 보통교육 일본지리 교과서	山崎直方	開成館	1	일본어	지지
100	중등 외국지리	유옥겸	사립 보성중학교	1	국문	지지
101	신정 중등 만국지지	송헌석	남궁준	1	국문	지지
102	신편 외국지지	진희성	일신사편집부	1	국문	지지
103	초학디지	미루오 부인	야소교서회	1	국문	지지
104	중학지리과본	辻武雄	普及舍	1	일본어	지지
105	최신상업일통지리(일본지부외국지부)	보문관 편집소	보문관	1	일본어	지지
106	실업 일본 지리교과서	脇木鐵五郎	開成館	1	일본어	지지
107	최근지리학(외국지부)	삼성당	삼성당	3	일본어	지지
108	보통교육 일본 지리교과서	山崎直方	開成館	1	일본어	지지
109	보통교육 지리학 통론	山崎直方	開成館	1	일본어	지지
110	세계전도			1	일본어	지지
111	신정분도 대한제국 지도	현공렴	현공렴	1	국문	지지
112	한문 지구전도	伊藤政三	박애관	1	일본어	지지
113	대한제국지도	현공렴	현공렴	1	국문	지지
114	분도상밀 한국 신지도	靑木恒三郎	靑木嵩山堂	1	일본어	지지
115	근세 세계전도	伊藤政三	박애관	1	일본어	지지

순번	교과서명	저자	발행자	권수	언어	분야
116	초등 대한역사	정인호	정인호	1	국문	역사
117	신정 동국역사	원영의·유근	휘문관	1	국문	역사
118	보통교과 동국역사	현채	현채	2	국문	역사
119	중등교과 동국역사	현채	현채	2	국문	역사
120	대동역사략	유성준	박학서관	1	국문	역사
121	역사집략	김택영	(상해)	3	한문	역사
122	동서양 역사	현채	보성관	2	국문	역사
123	동국 역대사략	현채	현채	3	국문	역사
124	대동역사	정교		4	국문	역사
125	만국사기	현채		14	국문	역사
126	수정 중학 국사교과서	有賀長雄	삼성당	2	일본어	역사
127	최근 지나사	石村貞一·河野通之	林平次郎	5	일본어	역사
128	중등교과 서양 역사	瀨川秀雄	富山房	1	일본어	역사
129	초등 본국역사	유근	휘문관	1	국문	역사
130	정선 만국사	김상연		1	국문	역사
131	중등 만국사	유승겸		1	국문	역사
132	만국약사	학부	학부	1	국문	역사
133	중등교과 정정 서양역사	瀨川秀雄	富山房	1	일본어	역사
134	고등소학용 중국 역사독본	吳曾祺	상무인서관	2	중국어	역사
135	중등 만국사	유승겸	남궁준	1	국문	역사
136	신편 서양사	磯田良·關榮太郎	삼성당	1	일본어	역사

순번	교과서명	저자	발행자	권수	언어	분야
137	신정 중학 국사교과서	有賀長雄	삼성당	2	일본어	역사
138	신정 동양사 교과서	桑原*藏	개성관	1	일본어	역사
139	개정 동양역사	新保馨次	金港堂	1	일본어	역사
140	초등교육 서양역사 교과서	阪口昂	開成館	1	일본어	역사
141	최신 일본사	藤岡繼平	六盟館	1	일본어	역사
142	신정 중등 서양사 교과서	有賀長雄	삼성당	2	일본어	역사
143	신편외국역사교과서(을) 서양제국	磯田良	삼성당	1	일본어	역사
144	심상소학 일본역사	문부성	문부성	2	일본어	역사
145	라마사(부의태리사)	현채 역	현공렴	1	국문	역사
146	만국통감	謝公衛樓		5	일본어	역사
147	중등 동양사	유옥겸		1	국문	역사
148	매이통사	黃佐廷口 譯·張在新 筆述	山西大學堂 역서원본	1	중국어	역사
149	여자용 외국사 교과서	峰岸米造	光風館	1	일본어	역사
150	신정 서양사 교과서	箕作元八	개성관	1	일본어	역사
151	산세이도 히스토리컬 아틀라스	龜井忠一	삼성당	1	일본어	역사
152	중학 역사교과서	小川銀次郎	삼성당	1	일본어	역사
153	신편 서양사	瀨川秀雄	富山房	1	일본어	역사
154	중등교육 동양사 교과서	桑原陟藏	개성관	1	일본어	역사
155	신정산술	이교승	학부인쇄	1	국문	수학
156	산술신서	이상설	학부인쇄	2	국문	수학
157	간이사칙	현공렴	현공렴	1	국문	수학

순번	교과서명	저자	발행자	권수	언어	분야
158	중등산술교과서		현공렴	2	국문	수학
159	중등교과 산술신서	이상설	현공렴	1	국문	수학
160	소 물리학		학부인쇄	1	국문	이과(물리학)
161	신찬 중등 무기화학	유진영·구자흥	이종정	1	국문	화학
162	격물질학	史砥雨 著· 潘愼文 譯	미화서관	1	중국어	이과
163	초등 생리위생 교과서	안종화	김상만	1	국문	생리위생
164	법학통론	주정균	경성일보사 인쇄	1	국문	법학
165	신정 법학통론	유성준	유성준	1	국문	법학
166	경제원론	김우균	정희진	1	국문	경제
167	경제학강요	天野爲之	동양 경제신보사	1	일본어	경제
168	개정 농업경제교과서	若林淸	六盟館	1	일본어	농업
169	농학초계	황윤덕	보성관	1	국문	농업
170	최신농학강요	園田三次郎	보문관	1	일본어	농업
171	농학입문	보성관 편집부	보성관	1	국문	농업
172	농학계제	稻垣乙丙	박문관	1	일본어	농업
173	상업범론	김대희	보성관	2	국문	상업
174	상업대요	유완종	보성관	1	국문	상업
175	상업학	장지연	달성 광문사	1	국문	상업
176	응용상업부기학	김대희	한응복	1	국문	상업
177	심상소학창가	佐佐木吉三朗 等	국정교과서 공동판매소	1	일본어	음악

순번	교과서명	저자	발행자	권수	언어	분야
178	신편 교육창가집	교육음악강습회	개성관	1	일본어	음악
179	중등 영문전	이기룡	김용준	1	국문	영어
180	영어문법 첩경	윤치호	동양서원	1	국문	영어
181	덕혜입문	楊格非	청국 야교서회	1	중국어	종교
182	진리편독삼자경	구리후이스우욘·모후에토	야소교서회	1	중국어	종교
183	진명휘편	김상천			국문	기타
184	음빙실문집	양계초	상해 광지서국	2	중국어	기타
185	자서조동	미화서관	광학회	5	중국어	기타

4) 학부검정무효

순번	교과서명	저자	발행소	권수	언어	분야
1	고등소학수신서	휘문의숙 편집부	휘문관	1	국문	수신
2	중등 수신교과서	휘문의숙 편집부	휘문관	1	국문	수신
3	고등소학독본	휘문의숙 편집부	휘문관	1	국문	독본
4	대한신지지	장지연	남장희	1	국문	지지
5	중등산학	이원조	대동보사	1	국문	수학
6	아학편	정약용	지석영	1	국문	독본
7	초등 근세 산술	이상익	휘문관	1	국문	수학
8	식물학	현채	현공렴	1	국문	식물
9	초학첩경	한승곤	김찬두	2	국문	독본

순번	교과서명	저자	발행소	권수	언어	분야
10	초등수신	박정동	김태옥	1	국문	수신
11	보통교과 수신서	민대식	민대식	1	국문	수신
12	초등수신교과서	안종화	김상만	1	국문	수신
13	고등 일문독본	박중화	이종정	3	국문	일본어
14	일어대성	정운복	김상만	1	국문	일본어
15	초등국어어전	김희상	김희상	3	국문	조선어
16	개정 초등국어어전	김희상	김희상	3	국문	조선어
17	신찬 초등소학	현채	현채	6	국문	독본
18	대동문수	휘문의숙 편집부	휘문관	1	한문	독본
19	자전석요	지석영	고유상	1	한문	자전
20	보통교육 한문 신독본	이종하	이종하	4	한문	독본
21	한문초학	황한동	남홍우	4	한문	독본
22	신찬 보통교육학	김상연	김상연	1	국문	교육
23	초등본국지리	박정동	김상천	2	국문	지지
24	초등 만국지리대요	안종화	휘문관	1	국문	지지
25	초등 대한지리	안종화	안태형	1	국문	지지
26	초등 외국지리	유옥겸	유옥겸	1	국문	지지
27	신찬 지문학	민대식	휘문관	1	국문	지문
28	동양사 교과서	유옥겸	유옥겸	1	국문	역사
29	초등 대동역사	박정동	김태옥	1	국문	역사
30	초등 본국략사	안종화	안태형	2	국문	역사

순번	교과서명	저자	발행소	권수	언어	분야
31	서양사교과서	유옥겸	유진태	1	국문	역사
32	신찬 초등역사	유근	안태형	3	국문	역사
33	산술교과서	이교승	박승혁	2	국문	수학
34	중등 대수학 교과서	유일선	지송육	1	국문	수학
35	개정 이과 교과서	현채	현채	4	국문	이과
36	중등 광물계 교과서	민대식	휘문관	1	국문	광물
37	신찬 소박물학	유성준·김상천	유성준·김상천	1	국문	박물
38	신편 동물학	신해용	고유상	1	국문	동물
39	초등 동물학 교과서	정인호	정인호	1	국문	동물
40	초등 식물학	정인호	정인호	1	국문	식물
41	중등 생리위생학	임경재	휘문관	1	국문	생리위생
42	초등 생리위생학 대요	안종화	안태형	1	국문	생리위생
43	초등 위생학 교과서	안종화	김상만	1	국문	생리위생
44	개정 중등 물리학 교과서	민대식	민대식	1	국문	이과(물리)
45	초등용 간명 물리 교과서	최재학	최재학	1	국문	이과(물리)
46	개정 신찬 이화학	박정동	김상만	1	국문	이과
47	신찬 실험 이화학 교과서	이관희	이관희	1	국문	이과
48	최신 박물학 교과서	이관희	이관희	1	국문	박물
49	최신 경제교과서	유승겸	남궁준	1	국문	경제
50	The Step in English Spelling and Reading			1	영문	영어
51	보통교과 국민의범	진희성	한응복	1	국문	수신

순번	교과서명	저자	발행소	권수	언어	분야
52	초등 소학 수신서	유근	김상만	1	국문	수신
53	신정 천자문	이승교	이승교	1	한문	한문
54	최신고등 대한지지	정인호	정인호	1	국문	지지
55	최신초등 대한지지	정인호	정인호	1	국문	지지
56	초등 대한역사	정인호	정인호	1	국문	역사
57	대동역사략	유성준	조승모	1	국문	역사
58	보통학 수신서	박정동	홍기주	4	국문	수신
59	유치독본	박정동	홍기주	3	국문	독본
60	초등학 독본	박정동	홍기주	4	국문	독본
61	초등학 농업대요	박정동	홍기주	2	국문	농업
62	신정 중등 만국 신지지	김홍경	김상만	2	국문	지지
63	대한문전	최광옥	김응제	1	국문	조선어
64	최신 초등소학	정인호	정인호	8	국문	독본
65	보통교과 한문독본	휘문관	휘문관	1	한문	한문
66	대한여지도	龜井忠一	龜井忠一	1	일본어	지지
67	유몽천자	기일	김상만	4	국문·한문	독본
68	동양사 교과서	유옥겸	유옥겸	1	국문	역사
69	조선지지창가	笹山章	平山善泰朗	1	일본어	음악
70	신찬 초등소학	현채	현채	6	국문	독본
71	초등 만국지리대요	안종화	휘문관	1	국문	지지
72	신찬지문학	민대식	휘문관	1	국문	지문

순번	교과서명	저자	발행소	권수	언어	분야
73	개정 중등 물리학 교과서	민대식	민대식	1	국문	이과(물리)
74	중등 생리위생학	임경재	임경재	1	국문	생리위생

5) 내부대신 판매 금지 도서

순번	도서명	저자	발행소	권수	언어	분야
1	쇼ᄋ교육(小兒敎育)	임경재	휘문관	1	국문	교육
2	면암선생문집	최영조	최영조	권4, 5, 9, 12, 14, 16	한문	기타
3	면암선생문집 부록	최영조	최영조		한문	기타
4	애국동맹단의문(義文)	미상	미상		미상	기타
5	연설법방	안국선	안국선	1	국문	기타
6	김해김씨 세보	미상	김호주	1	한문	기타
7	유년필독	현채	현채	2	국문	독본
8	유년필독석의	현채	현채	2	국문	독본
9	최신 초등소학	정인호	정인호	4	국문	독본
10	고등소학독본	휘문의숙편집부	휘문관	2	국문	독본
11	국문과본(國文課本)	원영의	중앙서관	1	국문	독본
12	국민소학독본	미상	미상 (학부편찬추정)	1	국문	독본
13	초등소학	국민교육회	국민교육회	4	국문	독본
14	소학한문독본	원영의	원영의	1	한문	독본
15	녀ᄌ독본(女子讀本)	장지연	김상만	2	국문	독본

순번	도서명	저자	발행소	권수	언어	분야
16	부유독습	강화석	이준구	1	국문	독본
17	유학자취(幼學字聚)	윤치호	김상만	1	국문	독본
18	노동야학(독본)	유길준	유길준	1	국문	독본
19	신정 국문첩경	한승곤	김찬두	1	국문	독본
20	국민독본	미상	미상	1	국문	독본
21	금수회의록	안국선	황성서적업조합	1	국문	문학
22	우순소리(소담)	윤치호	윤치호	1	국문	문학
23	편편기담 경세가	홍종목	보문관	1	국문	문학
24	몽견제갈량	유원표	김상만	1	국문	문학
25	찬미가	윤치호	김상만	1	국문	문학
26	경국미담(經國美談)	현공렴	현공렴	1	국문	문학
27	회천기담	현공렴	현공렴	1	국문	문학
28	정치소설 서사 건국지	대한매일신보사 번간	대한매일신보사	1	국문	문학(소설)
29	뎡치소설 셔사건국지	김병현	로익형	1	국문	문학(소설)
30	신소설 애국부인전	숭양산인 장지연	김상만	1	국문	문학(소설)
31	신소설 자유종	이해조	김상만	1	국문	문학(소설)
32	철세계	이해조	고유상	1	국문	문학(소설)
33	수상(繡像)	미상	계림 냉혈생	8	미상	미상
34	소의신편(昭義新編)	미상	미상	5	미상	미상
35	군인수지	미상	미상	1	미상	미상
36	백화 조선망국 통사	광덕성성	미상		미상	미상

순번	도서명	저자	발행소	권수	언어	분야
37	초등역사	환흥	환흥		미상	미상
38	상업범론	김대희	미상	2	국문	상업
39	고등소학 수신서	휘문의숙 편집부	휘문관	1	국문	수신
40	초등 윤리학 교과서	안종화	김상만	1	국문	수신
41	초등소학 수신서	유근	김상만	1	국문	수신
42	중등 수신 교과서	휘문의숙 편집부	휘문관	2	국문	수신
43	여자수신교과서	노병선	노익형	1	국문	수신
44	윤리학 교과서	신해영	미상	2	국문	수신
45	20세기 조선론	김대희	최병옥	1	국문	시사
46	음빙실문집	양계초	광지서국	2	중국어	시사
47	음빙실 자유서	양계초 저/ 전항기 역	박기준	1	국문	시사 역서(양계초)
48	대가론집	大垣丈夫 저/ 유문상 역	홍문관	1	국문	시사 역서 (大垣丈夫)
49	청년 입지론	大垣丈夫 저/ 유문상 역	홍문관	1	국문	시사 역서 (大垣丈夫)
50	사회승람(社會勝覽)	김병제	황천수	1	국문	시사
51	중등교과 동국사략	현채	현채	2	국문	역사
52	월남 망국사	현채	현채	1	국문	역사
53	월남 망국ᄉ	이상익	현공렴	1	국문	역사
54	동국문헌보유	이원	이원		한문	역사
55	초등 대한역사	정인호	정인호	1	국문	역사

순번	도서명	저자	발행소	권수	언어	분야
56	보통교과 동국역사	현채	현채	2	국문	역사
57	신정 동국역사	원영의·유근	휘문관	2	국문	역사
58	대동역사략	유성준	박문서관	1	국문	역사
59	파란 말년사	澁江保 저/ 역자 불명	오영근·현공렴	1	국문	역사 역서, 삽강보, 세지앙바오= 황성연재)
60	미국 독립사	현은	오영근·현공렴	1	국문	역사
61	애급 근세사	장지연	황성신문사	1	국문	역사
62	동서양 역사	현채	보성관	2	국문	역사
63	일본사기	현채	현공렴	2	국문	역사
64	만국통감 권5	안애리	안애리	1	국문	역사
65	만국약사	미상	미상 (학부편찬추정)	1	국문	역사
66	비율빈 전사	안국선	안국선	1	국문	역사
67	법국 혁신 전사	澁江保	황성신문사	1	국문	역사 역서, 삽강보, 세지앙바오= 황성연재)
68	의대리 독립사	김덕균	정희진	1	국문	역사
69	최신 동국사	미상	미상	1	미상	역사
70	역사집략	김택영	미상	3	한문	역사
71	양의사합전(兩義士合傳)	창해자	미상		미상	역사(전기)
72	세계삼괴물	사밀가덕문(斯密哥 德文) 저/벽영만 역	광학서포	1	국문	역사(전기) 역서 (골드스미스의 저서로 추정)

순번	도서명	저자	발행소	권수	언어	분야
73	애국정신	愛爾兒拉 저/ 이채우 역	고유상	1	국문	역사(전기), 역서(에밀)
74	애국정신담(愛國精神談)	애이아납 저/ 이채우 역	고유상	1	국문	역사(전기), 역서(에밀)
75	을지문덕	신채호	김상만	1	국문	역사(전기)
76	이태리 건국 삼걸전	신채호	김상만	1	국문	역사(전기)
77	갈소사(噶蘇士)전	양계초 저/ 이보상 역	중앙서관· 박문서관	1	국문	역사(전기), 역서(양계초)
78	화성돈 전	이해조	고유상	1	국문	역사(전기)
79	라란(羅蘭)부인전	대한매일신보사	박문서관	1	국문	역사(전기)
80	몽배(夢拜)금태조	박기정	미상	1	국문	역사(전기)
81	보로사국 후레두리익 대왕의 칠년 전사	유길준	김상만	1	일본어	역사(전기)
82	최도통	미상	미상	1	국문	역사(전기), 황성연재분
83	흥무왕실기	미상	김호주	1	국문	역사(전기), 김유신전
84	先生ナク英語ヲ學ブノ本 (선생없이 영어를공부하는 책)	미상	미상	1	국문	영어
85	독습 일어정칙	정운복	김상만	1	국문	일본어
86	정선 일어대해	박중화	이종정	1	국문	일본어
87	실지응용 작문법	최재학	정운복	1	국문	작문
88	국가 사상학	정인호	정인호	1	국문	정치
89	민족 경쟁론	유호식	고금서해관	1	국문	정치

순번	도서명	저자	발행소	권수	언어	분야
90	국가학 강령	백륜지리(伯倫知理) 저/안종화 역	김상만	1	국문	정치 역서 (요한캐스퍼 불룬칠리) Bluntchli Johann Caspar, 1808~1881
91	준비시대	중앙총부	보문관	1	국문	정치
92	국민수지	김자식	김상만	1	국문	정치
93	국민자유진보론	유호식	고금서해관	1	국문	정치
94	20世紀之大慘劇제국주의	변영만	김상만	1	국문	정치
95	강자의 권리경쟁	유문상	의진사	1	국문	정치
96	남녀 평등론	최학소	최익승	1	국문	정치
97	독립정신	리승만	대동서관	1	국문	정치
98	한무광복(漢武光復)혁명론	餘枕章丙	新演書室	1	중국어	정치
99	십구세기 구주문명 진화론	이채우	이채우	1	국문	정치
100	정치원론	안국선	안국선	1	국문	정치
101	중국혼	양계초	장지연	1	한문	정치 역서(양계초)
102	국가학	라진 저/ 김상연 역	미상	1	국문	정치 역서 羅瑨: 1881~1918 일제강점기 법조인/조선 인으로 일어 논문
103	국민개병설	미상	미상	1	국문	정치
104	한국교회 핍박	이승만	한재명	1	국문	종교
105	신찬 창가집	명동 야소교학교	명동 야소교학교	1	국문	종교

순번	도서명	저자	발행소	권수	언어	분야
106	대한신지지	장지연	남장희	2	국문	지지
107	대한지지	현채	광문사	2	국문	지지
108	최신 고등 대한지지	정인호	정인호	1	국문	지지
109	문답 대한 신지지	박문서관 편집부	노익형	1	국문	지지
110	최신 초등 대한지지	정인호	정인호	1	국문	지지
111	동몽선습			1	한문	한문

5. 일제강점기 신문의 서적 광고

1) 매일신보

순번	연월일	광고	책명	저자	분야	용도	기타	언어
1	1910.9.18		新撰代數學 敎科書	李敎承	수학	교과서	사립검정	국문
2	1910.9.27	일한서방	最新世界地理	鄭雲復	지리	교과서	조선통감부촉탁	국문
3	1910.9.27	일한서방	體操敎科書	橫地次郎·李基東	체조	교과서	한성고등학교 교수	미상
4	1910.9.27	일한서방	隆熙 新算術	鄭雲復	수학	교과서	조선통감부촉탁	국문
5	1910.9.27	일한서방	普通 姙娠論	渡邊光次 原著/鄭雲復·鮮于爵 共譯	가정	계몽		국문번역
6	1910.9.27	일한서방	現行 韓國法典	度支部	법률	식민(통치)		국문
7	1910.9.27	일한서방	最近 朝鮮要覽	朝鮮雜誌社 編纂	시사	식민(통치)		국문
8	1910.9.27	일한서방	伊藤と韓國	原田豊次郎	시사	식민(통치)	경성일보주간 법학사	일본문
9	1910.9.27	일한서방	漢城の風雲と名士	總川肇	시사	식민(통치)	菊池謙讓 교열	일본문
10	1910.9.27	일한서방	韓國最近 外交史 大院君傳 附 王妃の一生	菊池謙讓	전기	식민		일본문
11	1910.9.27	일한서방	日韓古蹟	奧田鯨洋	고적	식민	경성일보 기자	일본문
12	1910.9.27	일한서방	韓日英 新會話	鄭雲復	일본어·영어	어학교재	전 제국신문 사장	한일영
13	1910.9.27	일한서방	獨習 日韓尺度	鄭雲復	일본어	어학교재	전 제국신문 사장	한일
14	1910.9.27	일한서방	ポケット 日韓會話	村上唯吉	일본어	어학교재	평양 공소원 서기장	한일

순번	연월일	광고	책명	저자	분야	용도	기타	언어
15	1910.9.27	일한서방	朝鮮の物語集の俚言	高橋亨	풍속	식민(풍속)	한성고등학교 학감 문학박사	일본문
16	1910.9.27	일한서방	暗黑なる朝鮮	薄田斬雲	시사	식민	전 경성일보 기자	일본문
17	1910.9.27	일한서방	ヨボ記	薄田斬雲	풍속(기행)	식민	전 경성일보 기자	일본문
18	1910.9.27	일한서방	朝鮮漫畫	薄田斬雲·鳥越靜妓	풍속(설화)	식민		일본문
19	1910.9.27	일한서방	朝鮮地理	朝鮮雜誌社 編纂	지리	식민(지리)		일본문
20	1910.9.27	일한서방	韓國風俗風景 寫眞帖	日韓書房 編輯部	풍속(기행)	식민(풍속)		일본문
21	1910.9.27	일한서방	高尙優美 韓國寫眞帖	日韓書房編輯部	풍속(기행)	식민(풍속)		일본문
22	1910.9.27	일한서방	韓國 巡査志願者 必携	細谷淺吉	경찰	식민(통치)	今村柄 警視 校閱	일본문
23	1910.9.27	일한서방	京城案內記	上村正己	시사	식민(통치)	한국총리대신 비서관	일본문
24	1910.9.27	일한서방	實測踏査 最新韓國全圖	日韓書房 編輯部	지리	식민(통치)		일본문
25	1910.9.27	일한서방	實測詳密 韓國全圖	日韓書房 編輯部	지리	식민(통치)		일본문
26	1910.9.27	일한서방	京城 龍山全圖	日韓書房 編輯部	지리	식민(통치)		일본문
27	1910.9.27	일한서방	高麗史	圖書刊行會 編纂	역사	식민사관		한문
28	1910.9.27	일한서방	朝鮮史	久保天隨	역사	식민사관		일본문
29	1910.9.27	일한서방	朝鮮事情	荒川五郎	시사	식민(통치)		일본문
30	1910.9.27	일한서방	韓國 政爭史	幣原坦	역사	식민사관		일본문

순번	연월일	광고	책명	저자	분야	용도	기타	언어
31	1910.9.27	일한서방	韓國 新地理	田淵友彦	지리	식민(지리)		일본문
32	1910.9.27	일한서방	朝鮮 開化史	恒屋盛眼	역사	식민사관		일본문
33	1910.9.27	일한서방	朝鮮年表	森潤三郎	시사	식민사관		일본문
34	1910.9.27	일한서방	鴨綠江 滿韓 國境事情	大崎中佐	지리	식민(지리)		일본문
35	1910.9.27	일한서방	韓國南滿洲	野口保興	지리	식민(지리)		일본문
37	1910.10.26	광동서국·신구서림·지송욱	中等動物學	朴重華	동물학	교과서	보성중학교장	국문
39	1910.11.3	泰興書林 (김태형, 박봉래)	中等 代數學 敎科書	柳一宣	수학	교과서	학부검정 (독수자습)	국문
40	1912.12.13	동양서원	日韓 備門尺牘 全	한성북부 승동 예배당	일본어	어학교재 (척독)		일한
41	1910.12.13	修文書館	요지경(瑤池鏡)		재담	이야기		국문
43	1910.12.16	광학서포	朝鮮警察 實務要書		경찰	식민(통치)	경찰법/저촉되지 않도록	국문
45	1911.1.7	야소교서원	國漢文新玉篇	평양관동 야소교 서원	한문	사전		국문
46	1911.1.13	광덕서관	신찬 초등역사		역사		안태형에게 민제호가 인수함	
47	1911.1.13	광덕서관	초등 대한지리		지리			
48	1911.1.13	광덕서관	초등 생리위생학대요		위생			
49	1911.1.13	광덕서관	초등본국역사		역사			
50	1911.1.13	광덕서관	정선 일한언문자통		일본어	어학교재		
51	1911.1.13	광덕서관	국민필휴		생활	식민(통치)		
52	1911.1.13	광덕서관	초목필지		독본			

순번	연월일	광고	책명	저자	분야	용도	기타	언어
53	1911.1.13	광덕서관	법학통론		법률			
55	1911.1.13	광덕서관	신찬중등 무기화학		화학			
56	1911.1.13	광덕서관	수운관첩		종교			
57	1911.1.13	광덕서관	일어첩경		일본어	어학교재		
58	1911.1.13	광덕서관	대가법첩		수신			
59	1911.1.13	광덕서관	와유 금강		기행			
60	1911.1.13	광덕서관	실용 과수재배		농업			
61	1911.1.13	광덕서관	정선 일어대해		일본어	어학교재		
63	1911.1.13	광덕서관	산술요해		수학			
65	1911.1.13	광덕서관	신찬 측량학		측량			
66	1911.1.13	광덕서관	논어집주		고전			
67	1911.1.13	광덕서관	맹자집주		고전			
68	1911.1.13	광덕서관	중용집주		고전			
69	1911.1.13	광덕서관	대학집주		고전			
70	1911.1.13	광덕서관	대동풍아		고전			
71	1911.1.13	광덕서관	보통교과 한문 신독본		한문			
72	1911.1.13	광덕서관	신선 응용 비료학		농업			
73	1911.1.13	광덕서관	한일 비문척독		생활			
75	1911.1.13	광덕서관	신식재판법령집		법률			
76	1911.2.19	일어연구회	통신교수일어강의록 제1호	일어연구회	언어	일본어	잡지	일본어
77	1911.2.19	동양서원	국문 누가복음 쥬석	야소교 서원	종교	종교	기독교	국문

순번	연월일	광고	책명	저자	분야	용도	기타	언어
78	1911.2.21	일본어학 잡지사	일본어 잡지 제2호	일본어학 잡지사	언어	일본어	잡지	일본어
79	1911.2.22	광동서국 이종정 (31종)	개정 정선 일어대해		일본어			
80	1911.2.22	광동서국 이종정	평면 기하학		수학			
81	1911.2.22	광동서국 이종정	신찬 중등 무기화학		화학			
82	1911.2.22	광동서국 이종정	산술지남		수학			
83	1911.2.22	광동서국 이종정	중등산학		수학			
84	1911.2.22	광동서국 이종정	논어		고전			
85	1911.2.22	광동서국 이종정	초등작문법		작문			
86	1911.2.22	광동서국 이종정	경제교과서		경제			
87	1911.2.22	광동서국 이종정	광림법규		광업			
88	1911.2.22	광동서국 이종정	응용 비료학		농업			
89	1911.2.22	광동서국 이종정	신정 천자		한문			
90	1911.2.22	광동서국 이종정	토지 가옥 증명 규칙		법률			
91	1911.2.22	광동서국 이종정	법령요찬		법률			
92	1911.2.22	광동서국 이종정	한일 비문척독		생활			

순번	연월일	광고	책명	저자	분야	용도	기타	언어
94	1911.2.22	광동서국 이종정	중등 동물학		동물			
95	1911.2.22	광동서국 이종정	신정 중등 만국지지		지지			
96	1911.2.22	광동서국 이종정	고등 일문독본		일본어			
97	1911.2.22	광동서국 이종정	맹자		고전			
98	1911.2.22	광동서국 이종정	대학		고전			
99	1911.2.22	광동서국 이종정	토양학		농업			
100	1911.2.22	광동서국 이종정	신정 방약합편		의약			
101	1911.2.22	광동서국 이종정	법규신찬		법률			
102	1911.2.22	광동서국 이종정	서양사 교과서		역사			
103	1911.2.22	광동서국 이종정	최신 저잠학		농업			
104	1911.2.22	광동서국 이종정	부인의 범		수신			
105	1911.2.22	광동서국 이종정	사회승람		기행	식민		
106	1911.2.22	광동서국 이종정	국유미간지 이용법		법률	식민		
107	1911.2.22	광동서국 이종정	고 소학대전		고전			
108	1911.3.17	일한서방	최신조선대지도 (조선토지조사회저작)		지지	식민		
109	1911.3.19	보급서관	간이 팔종 상업부기	곽한탁 저	상업		실용	

순번	연월일	광고	책명	저자	분야	용도	기타	언어
110	1911.3.19	보급서관	일선대자전	박중화	일본어	어학교재 (사전)	어학교재	
111	1911.3.19	보급서관	중등 영어 문전	李起龍	영어	어학교재 (영아)	어학교재	
113	1911.4.20	일본어학 잡지사	일본어학 잡지 제4호	일본어학 잡지사	일본어	어학교재		
114	1911.4.28	보성관 (44종)	동국사략		역사			
115	1911.4.28	보성관 (44종)	동서양 역사		역사			
116	1911.4.28	보성관 (44종)	세계일람		역사			
117	1911.4.28	보성관 (44종)	초등소학		독본			
118	1911.4.28	보성관 (44종)	상업대요		상업			
119	1911.4.28	보성관 (44종)	신편 박물학		박물			
120	1911.4.28	보성관 (44종)	외교통의		외교			
121	1911.4.28	보성관 (44종)	중등 생리학		생리위생			
122	1911.4.28	보성관 (44종)	오위인 소역사		역사			
123	1911.4.28	보성관 (44종)	가정교육학		교육			
124	1911.4.28	보성관 (44종)	만국지지		지지			
125	1911.4.28	보성관 (44종)	사범교육		교육			

순번	연월일	광고	책명	저자	분야	용도	기타	언어
126	1911.4.28	보성관 (44종)	신편 대한지지		지지			
127	1911.4.28	보성관 (44종)	상업범론		상업			
128	1911.4.28	보성관 (44종)	비율빈 전사		역사			
129	1911.4.28	보성관 (44종)	보통경제학		경제			
130	1911.4.28	보성관 (44종)	중등 지문학		지문			
131	1911.4.28	보성관 (44종)	비사맥전		역사(전기)			
132	1911.4.28	보성관 (44종)	농학초계		농업			
133	1911.4.28	보성관 (44종)	심리학		심리			
134	1911.4.28	보성관 (44종)	은행론		경제			
135	1911.4.28	보성관 (44종)	회사법 강요		경제			
136	1911.4.28	보성관 (44종)	화폐론		경제			
137	1911.4.28	보성관 (44종)	소물리학		물리			
138	1911.4.28	보성관 (44종)	초등이화학		화학			
139	1911.4.28	보성관 (44종)	윤리학		윤리			
140	1911.4.28	보성관 (44종)	학교 관리법		교육			

순번	연월일	광고	책명	저자	분야	용도	기타	언어
141	1911.4.28	보성관 (44종)	천문학		천문			
142	1911.4.28	보성관 (44종)	신편 화학 병 부 전도		화학			
143	1911.4.28	보성관 (44종)	식물학		식물			
144	1911.4.28	보성관 (44종)	농업신론		농업			
145	1911.4.28	보성관 (44종)	행정법		법률			
146	1911.4.28	보성관 (44종)	외국 무역론		경제			
147	1911.4.28	보성관 (44종)	농학입문		농업			
148	1911.4.28	보성관 (44종)	정치학대강		정치			
149	1911.4.28	보성관 (44종)	정학원론		정치			
150	1911.4.28	보성관 (44종)	신식 광물학		광물			
151	1911.4.28	보성관 (44종)	보통 이과 교과서		이과			
152	1911.4.28	보성관 (44종)	신찬 보통 위생학		생리위생			
153	1911.4.28	보성관 (44종)	신찬 가축 사양학		농업			
154	1911.4.28	보성관 (44종)	보통 동물학 교과서		동물			
155	1911.4.28	보성관 (44종)	신정 잠업대요		농업			

순번	연월일	광고	책명	저자	분야	용도	기타	언어
156	1911.4.28	보성관 (44종)	삼림학		농업			
157	1911.4.28	보성관 (44종)	농산제조편		농업			
158	1911.5.10	일한서방· 동문관	조선국보대관		식민(문화)			
160	1911.5.16	동양서원	누가복음쥬석		종교			
161	1911.5.16	동양서원	성경요리문답쥬석		종교			
162	1911.5.16	동양서원	비유요지		종교			
163	1911.5.16	동양서원	안인거		종교			
164	1911.5.16	동양서원	성산명경		종교			
165	1911.5.16	동양서원	누터 긔고긔략		종교			
166	1911.5.16	동양서원	성ᄉ촬요		종교			
167	1911.5.16	동양서원	곡죠 찬송가		종교			
168	1911.5.16	동양서원	한문 신약 찬숑가 합부		종교			
169	1911.5.16	동양서원	신약찬송가합부(국문)		종교			
170	1911.5.16	동양서원	최쇼본 찬숑가 포의		종교			
171	1911.5.16	동양서원	한일 비문척독		종교			
172	1911.5.16	동양서원	윤리소설 만월대		종교			
173	1911.5.16	동양서원	초등 자해 일어문전		종교			
174	1911.5.16	동양서원	개정 정선 일어대해		종교			
175	1911.5.16	동양서원	초등 영어입문		종교			
176	1911.5.16	동양서원	고등 산학신편		종교			

순번	연월일	광고	책명	저자	분야	용도	기타	언어
177	1911.5.16	동양서원	신찬 대수학	이교승 저	종교			
178	1911.5.16	동양서원	산술 교과서		종교			
179	1911.5.16	동양서원	마가복음 쥬석		종교			
180	1911.5.16	동양서원	주의 말슴		종교			
181	1911.5.16	동양서원	요한복음쥬석		종교			
182	1911.5.16	동양서원	모험소설 십오 소호걸		문학(소설)			
183	1911.5.16	동양서원	한일조선문 쌍해 신정 옥편		일본어	사전		
184	1911.5.16	동양서원	일어초정		일본어	어학교재		
185	1911.5.16	동양서원	중등 일어 문전		일본어	어학교재		
186	1911.5.16	동양서원	소학집주		고전			
187	1911.5.16	동양서원	한어득습		중국어	어학교재		
188	1911.5.16	동양서원	스도횡전으로 묵시록 쥬석신지		종교			
189	1911.5.16	동양서원	구약창세긔 로마 랍긔 쥬석신지		종교			
190	1911.5.26	광학서포 김상만	일어대성	정운복	일본어	어학교재		
191	1911.5.26	광학서포 김상만	신소설 목단화	김교제	문학(소설)			
192	1911.6.30	보급서관 김용준	실업소설 부란극림 전	이시후	문학(전기)			
193	1911.7.5	일한서방 (15종)	총독부 급 소속관아 직원록		식민(통치)		15종의 책 가운데 새로 등장한 것은 없음	국보대관
194	1911.7.23	신구서림 지송욱	신찬 만세력		기타			

순번	연월일	광고	책명	저자	분야	용도	기타	언어
195	1911.7.23	신구서림 지송욱	최신 조선 분도 지도		지지			
196	1911.8.5	보급서관· 문명서관	정선 일어통편	현공렴	일본어	어학교재		
197	1911.8.6	보급서관 김용준	일어 용언 역해	김준식 편역	일본어	어학교재		
198	1911.8.15	보급서관	산술문제 신 해법 전서	안일영 저, 유일선 교열	수학			

2) 동아일보

순번	연월일	광고주	책명	저자	분야	세분야	기타	언어
1	1920.4.2	회동서관						
2	1920.4.6	麗光社	麗光제1호		잡지	문예	시와주의(삼당), 이만규, 박영래, 서원, 새얼, 철연, 음고, 추안	
3	1920.4.9	廣文書市	화림월석 통신안		생활	척독		
4	1920.4.9	광문서시	회중 주옥척독		생활	척독		
5	1920.4.10	광학서포	대동시선		고전	시		
6	1920.4.10	광학서포	소아의방		의약			
7	1920.4.12	문흥사	曙光 제4호		잡지	학문일반	반도의 문화와 기독교의 사명, 농촌(홍영훈, 이돈화, 박종화 등)	
8	1920.4.12	박문서관	최신 초서척독		생활	척독		
9	1920.4.12	박문서관	만사자해언문점법(占法)		길흉	점법		

10	1920.4.12	동양서원	주해언해 삼자경		고전	몽학교재	
11	1920.4.15	창조사	창조 제5호		잡지	문예	늘봄, 동인, 추호, 새별, 동원, 요한, 김환, 벌솟, 오천원, 김소월 등
12	1920.5.2	신여자사	부녀잡지 신여자 제2호		잡지	여성	
13	1920.5.2	한성도서주식회사	언론잡지 서울 제3호		잡지	종합	장도빈, 이동원, 유근 등
14	1920.5.7	조선기독청년회					〈현대〉 제4호 지체 관련: 본지 제4호는 사세에 의하야 발행이 지연되든 중 발매금지를 당하야 대단 미안하올시다. 그러나 제5호가 본월 상순에 발행 되겟사오니 천만 서량하심을 바라나이다.
15	1920.5.8	근화사	근화(槿花) 창간호		잡지	문예	
16	1920.5.10	광익서관	여자시론 창간호		잡지	여성	허정자, 박양원, 조숙정, 춘성, 홍백우, 문현자 등
17	1920.5.18	영풍서관	정선 동파시첩		고전	시문	
18	1920.6.4		언론잡지 서광 제5호		잡지	종합	춘사 장응진 주필
19	1920.6.4	문흥사	문예잡지 문우(文友) 창간호		잡지	문예	문예구락부 편집
20	1920.6.4	신여자사	신여자 제3호		잡지	여성	
21	1920.6.4	개벽사	월간잡지 개벽 창간		잡지	종합	
22	1920.6.6	창조사	창조제6호		잡지	문예	한성도서주식회사 발행

23	1920.6.6	천일서관 (22종)	경서언해10종 (내각판칠서구해급소 학통감), 의약1종, 안내1종, 유몽학습10종		22종 서적광고		논어, 맹자, 중용, 대학, 시전, 서전, 주역, 소학, 통감, 효경대의(10종 경서), 신정방약합 편, 경성안내부약 도(실용2서), 정본 천자, 정본명심보 감, 정본칠언당음, 정본통감, 정본유 몽선습, 정본계몽 편, 정본사략, 정 본오언당음, 정본 초천자, 정본현토 구해명심보감 (10종 한문학습서)	
24	1920.6.17	덕흥서림	현토한문 옥루몽		문예	소설		
25	1920.6.17	덕흥서림	가정 백방 길흉비결		길흉			
26	1920.6.20	한성도서 주식회사	언론 잡지 서울 제4호		잡지	종합	장도빈, 오천석 등	
27	1920.6.30	광익서관	여자시론(女子時論) 제4호		잡지	여성	김영희, 이장자, 이만규 등	
28	1920.6.30	조선기독교 청년회	현대 제6호		잡지	종합	유기, 김종필, 변 희영, 김우상, 홍 영우 등	
29	1920.7.3	한성도서 주식회사	학생계 창간호		잡지	학생	오천석, 장도빈, 김억, 박태원 등/ 교양지+문예지	
30	1920.7.4	회동서관	증정현토 산림경제	이재(伊齋) 유 경종(劉敬鍾) 편찬	고전	경제		
31	1920.7.4	회동서관	의문보감(醫文寶鑑)부 침구도(附鍼灸圖)	기하(岐下) 주 명신(周命新) 편저	생활	의약		
32	1920.7.4	회동서관	자각론(自覺論)	안확	계몽	사상	사상원리, 철학 원리 계몽	
33	1920.7.9	여자계사	여자계 제5호		잡지	여성	춘성, 청파, 극광 등	
34	1920.7.13	신문관	현금 조선문전	이규영	조선어	문법		

35	1920.7.14	문흥사	서광 제6호		잡지	종합	교육문제, 부인문제, 금주문제
36	1920.7.18	암송당서점	국어보감(國語寶鑑)	安達大壽	일본어	학습교재	
37	1920.7.18	암송당서점	예의 작법 준찰 응대 현대 교제법		일본어	학습교재	
38	1920.7.22	폐허사	폐허 창간호		잡지	문예	염상섭, 황석우 등
39	1920.7.24	광익서관	학지광 제20호	일본유학생 학우회	잡지	학생	
40	1920.7.28	신문관	시문독본	최남선	계몽	독본	
41	1920.8.1	개벽사	개벽 제2호		잡지	종합	
42	1920.8.1	농계사 (農界社)	농계(農界) 제5호		잡지	농업	계급 조화론의 근거 등 농민계몽
43	1920.8.5	조선노동 공제회	노동잡지공제(共濟) 창간호		잡지	노동	노동만능론, 노동운동사 (조성순, 남상협, 김명식 등)
44	1920.8.10	창조사	창조 제7호		잡지	문예	
45	1920.8.11	한성도서 주식회사	언론 잡지 서울 제5호		잡지	종합	손병희 외 48인 특별부록
46	1920.8.15	개벽사	개벽 임시호 재간		잡지	종합	
47	1920.8.16	광익서관	해왕성	이하몽(李何夢) 번안	문예	소설	기상천외 경신읍귀 전기소설계의 패왕
48	1920.8.17	보문관	동양역대 여사 시선	문학대가곽찬 (郭璨) 찬	고전	시문	
49	1920.8.27	개벽사	개벽 제3호		잡지	종합	
50	1920.8.20	문흥사	서광 제7호		잡지	종합	
51	1920.9.1	한성도서 주식회사	학생계 제9월호		잡지	학생	

52	1920.9.18	한성도서 주식회사	언론 잡지 서울 제6호 (9월호)		잡지	종합	
53	1921.2.24	보급서관 회 동서관 박문 서관 동양서 원(7종)	세계현상		계몽	계몽	보법전쟁, 산동문 제, 화폐폐지 등
54	1921.2.24	보급서관 회 동서관 박문 서관 동양서 원(7종)	구미 신인물		계몽	인물	
55	1921.2.24	보급서관 회 동서관 박문 서관 동양서 원(7종)	연설 급 식사법 부 의회 통용규칙		계몽	연설	기존의 연설, 회 의법 등
56	1921.2.24	보급서관 회 동서관 박문 서관 동양서 원(7종)	시사 강여록		계몽	강연	
57	1921.2.24	보급서관 회 동서관 박문 서관 동양서 원(7종)	세계 백걸전		계몽	인물	
58	1921.2.24	보급서관 회 동서관 박문 서관 동양서 원(7종)	고려태조		역사	인물	
59	1921.2.24	보급서관 회 동서관 박문 서관 동양서 원(7종)	화륜선의 발명		계몽	과학	
60	1921.2.24	조선도서 주식회사	고등보통학교 입학시 험 준비서		수험서	입시	
61	1921.2.24	조선청년회 연합회	자각론		계몽	계몽	
62	1921.2.24	조선청년회 연합회	개조론		계몽	계몽	
63	1921.2.26	박문서관	증보자해 일선대간독	박문서관	일본어	척독	대역
64	1921.2.26	박문서관	주해부음 신식척독	박문서관	생활	척독	

65	1921.3.4	학지광사	학지광 제2호		잡지	학생	유학생	
66	1921.3.7	신구서림	중동(中東) 영물율선(詠物律選)		고전	시문	중국 동국의 율선 (당송, 금원 명청, 나려선)	
67	1921.3.7	신구서림	해동명추고금연구집 (海東名椎古今聯句集)		고전	시문	諸律	
68	1921.3.10	문흥사	아동심리학	홍병선(洪秉璇)	심리학		국문심리학: 종교 가 주일학교 교사 를 대상으로 함	
69	1921.3.12	조선청년회 연합회	월간잡지 아성(我聲)		잡지	청년		
70	1921.3.12	보문관	문자주해 고등척독		생활	척독		
71	1921.3.12	박문서관	수양 격언천화		계몽	수양		
72	1921.3.14	광익서관 (7종)	신찬속곡집(俗曲集)		음악	민속음악	서양식 악보로 채록	
73	1921.3.14	광익서관 (7종)	최신 창가집		음악			
74	1921.3.14	광익서관 (7종)	비서삼종(祕書三種)		기문	기문		
75	1921.3.14	광익서관 (7종)	신정 초등언문		조선어	초급문자		
76	1921.3.14	광익서관 (7종)	경성기략		기행			
77	1921.3.14	광익서관 (7종)	최신모범 화학문제 상해		수험서	화학		
78	1921.3.14	광익서관 (7종)	경연현토 사기오선		고전	역사	사기	
79	1921.3.18	광동서국 회 동서관 신구 서림 영창서 관	신정 의서옥편		의약			
80	1921.3.25	청년잡지사	청년 창간호		잡지	청년	남녀교제 문제 등	

81	1921.3.25	남선문예사	가정잡지 신계(晨鷄)		잡지	가정	현모양처, 여자교육 등
82	1921.3.26	광익서관	오뇌의 무도	김안서 역	문예	시	역서: 남유럽을 중심으로 삼고 근대 대표적 시인의 대표적 시를 역자 일류의 보드랍고 곱흔 약하게 도포착하기 어려운 채필로 역출한 이 한 권
83	1921.3.27	경성수학연구회	중등교육 수학강의록	안일영 주간	수험서	강의록	독습서
84	1921.3.30	활문사 서점	새동무		잡지	아동	동극, 근원, 노자영 등

6. 일제강점기 잡지소재 광고 도서

1) 농민사취차서적

순번	책명	저자	언어	분야	비고
1	해당화(海棠花, 일명부활(復活))	박현환(朴玄瓊)	국문	소설	연애소설
2	무정(無情)	이광수(李光洙)	국문	소설	연애소설
3	개척자(開拓者)	이광수(李光洙)	국문	소설	연애소설
4	낙동강(洛東江)	조명희(趙明熙)	국문	소설	사회소설
5	민촌(民村)	이기영(李箕永)	국문	소설	사회소설
6	재생(再生)상하	이광수(李光洙)	국문	소설	연애소설
7	백의인(白衣人)	이경손(李慶孫)	국문	소설	사회소설
8	옥중화(춘향전, 獄中花春香傳)	실명씨(失名氏)	국문	소설	전기소설
9	무쇠탈	민태원(閔泰瑗)	국문	소설	탐정소설
10	여장부(女丈夫)	유광렬(柳光烈)	국문	소설	탐정소설
11	황원행(荒原行)	오문인(五文人)	국문	소설	연애소설
12	여등(汝等)의(背後)	이성해(李星海)	국문	소설	연애소설
13	승방비곡(僧房悲曲)	최상덕(崔象德)	국문	소설	영화소설
14	마의태자(麻衣太子)	이광수(李光洙)	국문	소설	역사소설
15	갑오동학란(甲午東學亂)과 전봉준(全琫準)	장도빈(張道斌)	국문	역사	
16	임오군란(壬午軍亂)과 갑신정변(甲申政變)	장도빈(張道斌)	국문	역사	
17	대원군(大院君)과 명성황후(明成皇后)	장도빈(張道斌)	국문	전기	
18	허생전(許生傳)	이광수(李光洙)	국문	소설	역사소설
19	오호김옥균(嗚呼金玉均)	민태원(閔泰瑗)	국문	전기	전기문

순번	책명	저자	언어	분야	비고
20	조선사연구초(朝鮮史研究草)	신채호(申采浩)	국문	역사	
21	조선유기략(朝鮮留記略)	권덕규(權惠奎)	국문	역사	
22	노농로서아(勞農露西亞)의 진상(眞相)	김준연(金俊淵)	국문	정치	사회주의
23	삼민주의(三民主義)	손문(孫文)	일본문	사상	민족주의
24	조선경제론(朝鮮經濟論)	배성룡(裵成龍)	국문	경제	
25	변증법적유물론 입문(辨證法的唯物論入門)	タールハイマー	일본문	사상	사회주의
26	제국주의론(帝國主義論)	レーニン	일본문	사상	사회주의
27	마르크스주의 정치 강화(マルクス主義政治講話)	ブハリン	일본문	사상	사회주의
28	지나혁명론 민족문제(支那革命論民族問題)	スタリン	일본문	사상	사회주의
29	인내천요의(人乃天要義)	이돈화(李敦化)	국문	종교	천도교
30	마르크스 경제학(マルクス經濟學)	河上肇	일본문	사상	사회주의
31	삼민주의와 계급투쟁(三民主義と階級鬪爭)	梅嵩南	일본문	사상	사회주의
32	최신 양잠법(最新養蠶法)	이성환(李晟煥)	국문	농업	
33	실제 양계법(實際養鷄法)	김형원(金炯元)	국문	농업	
34	실험 양봉(實驗養蜂)	윤신영(尹愼榮)	국문	농업	
35	산업조합강화(産業組合講話)	佐藤寬次	일본문	농업	
36	정말 식신 농업법 강좌(丁末式新農業法講座)	中西銃太郎	일본문	농업	
37	채소재배요결(菜蔬栽培要訣)	中山文一	일본문	농업	
38	조선(朝鮮)의 토지겸병(土地兼倂)과 기대책(其對策)	선우전(鮮于全)	국문	농촌문제	사회주의
39	농민은 왜 가난한가·부농민 문제의 테제(農民ハ何故貧乏カ附農民問題ノテーゼ)	木村靖二·レーニン	일본문	농촌문제	사회주의
40	농촌문제(農村問題)	佐野學	일본문	농촌문제	사회주의

순번	책명	저자	언어	분야	비고
41	농민 투쟁의 전술 그 도약(農民鬪爭ノ戰術其ノ跳躍)	大西俊夫	일본문	농촌문제	사회주의
42	농촌의 경제(農村ノ經濟)	行政長藏	일본문	농촌문제	사회주의
43	소작쟁의의 실제(小作爭議の實際)	杉山元治郎	일본문	농촌문제	사회주의
44	농업과 사회주의(農業と社會主義)	平野學	일본문	농촌문제	사회주의
45	농민 조합론(農民組合論)	莊原達	일본문	농촌문제	사회주의
46	러시아 농촌문제(ロシア農村問題)	レーニン	일본문	농촌문제	사회주의

2) 조선농민미성당

순번	책명	저자	언어	분야
1	신정산업조합강화(産業組合講話)	佐藤寬次郎	일본문	농업
2	식용작물각론(食用作物各論)	吉川祐輝	일본문	농업
3	공예작물각론(工藝作物各論) 제1권 섬유 작물론	吉川祐輝	일본문	농업
4	최신채소원예(最新菜蔬園藝)	拓植六郎	일본문	농업
5	최신과수원예(最新果樹園藝)	拓植六郎	일본문	농업
6	과수전정정지법(果樹剪定整枝法)	草野計起	일본문	농업
7	통신비료강의(通信肥料講義)	船律常吉	일본문	농업
8	농용곤충학강의(農用昆蟲學講義)	桑名伊之吉	일본문	농업
9	삼정가축사양학(三訂家畜飼養學)	澤村眞	일본문	농업
10	가축사양학(家畜飼養學)	高橋榮治	일본문	농업
11	농산제조학(農産製造學)	澤村直	일본문	농업

순번	책명	저자	언어	분야
12	농산제조화학(農産製造化學)	吉村淸尙	일본문	농업
13	농산영양화학(農産榮養化學)	吉村淸尙	일본문	농업
14	축산감정(畜産之鑑定)	井口賢三	일본문	농업
15	양돈의 이론과 실제(養豚の理論と實際)	飯田吉英	일본문	농업
16	돈육가공법(豚肉加工法)	飯田吉英	일본문	농업
17	농지측량학(農地測量學)	兼松義隆	일본문	농업
18	농업수리학(農業水利學)	兼松義隆	일본문	농업

3) 한성도서

순번	책명	저자	출판사	언어	분야	기타
1	인생(人生)과 우주(宇宙)	韓稚振	철학연구사	국문	종교	
2	논리학개론(論理學槪論)	韓稚振	철학연구사	국문	논리학	
3	신심리학개론(新心理學槪論)	韓稚振	철학연구사	국문	심리학	
4	아동심리(兒童心理)와 교육(敎育)	韓稚振	철학연구사	국문	심리학	
5	사회학개론(社會學槪論)	韓稚振	철학연구사	국문	사회학	
6	생활철학(生活哲學)	安國衡		국문	철학	
7	현대 인간학(現代人間學)	任健洙		국문	철학	
8	현대사회학(現代社會學)	金賢準		국문	사회학	
9	조선한문학사(朝鮮漢文學史)	金台俊		국문	문학	문학사
10	조선연극사(朝鮮演劇史)	金在喆		국문	문학	문학사

순번	책명	저자	출판사	언어	분야	기타
11	조선 농촌연구(朝鮮農村硏究)의 준비지식(準備知識)	裵成龍		국문	농촌	
12	조선경제(朝鮮經濟)의 현재(現在)와 장래(將來)	裵成龍		국문	경제	
13	금융조합론(金融組合論)	金佑枰		국문	경제	
14	조선경제론(朝鮮經濟論)	裵成龍		국문	경제	
15	조선어 강의요지(朝鮮語講義要旨)	朴勝彬		국문	조선어	
16	현금 조선문전(現今朝鮮文典)	李奎濚		국문	조선어	문법
17	과격파운동(過激派運動)과 반과격파운동(反過激派運動)	鄭然圭		국문	사상	사회주의
18	유태민족(猶太民族)의 세계적 활동(世界的活動)	韓稚振	철학연구사	국문	사상	민족주의
19	애란(愛蘭)의 민족운동(民族運動)	李如星		국문	사상	민족주의
20	약소민족운동(弱小民族運動)의 전망(展望)	李如星		국문	사상	민족주의
21	사회진화론(社會進化論)	朴衡秉		국문	사상	진화론
22	개량 맥작 오배 증수법	경안농원		국문	농업	
23	신구 양우요람[부] 양돈·양계	윤창현		국문	농업	
24	최신 양계법	백대진		국문	농업	
25	최신 양돈전서	백대진		국문	농업	
26	실험 양봉	윤신영		국문	농업	
27	농업대요	이각종		국문	농업	
28	화기 양계법	세계서림		국문	농업	
29	사개송도치부법	현병주		미상	미상	
30	화학공업전서	황의수		미상	미상	
31	신뎡 고등녀자가정학	전훈		국문	가정학	

순번	책명	저자	출판사	언어	분야	기타
32	주시경선생유고	신명균		국문	조선어	
33	청년상식총서 화학	신명균		국문	계몽	화학
34	청년상식총서 물리학	신명균		국문	계몽	물리학
35	책명	저자	출판사	언어	분야	비고
36	기독교사(基督敎史)	奇恰富·柳瀅基 共譯		국문	종교	
37	종교개혁사요(宗敎改革史要)	韓稚振		국문	종교	양장본
38	종교개혁사요(宗敎改革史要)	韓稚振		국문	종교	和裝
39	주일학교(主日學校) 조직(組織)과 관리(管理)	金俊玉		국문	종교	
40	주일학교 예배지도 방법(主日學校 禮拜指導方法)	金俊玉		국문	종교	
41	종교(宗敎)의 본성(本性)	柳瀅基 譯		국문	종교	
42	현대 교회(現代敎會)와 종교교육(宗敎敎育)	柳瀅基 譯		국문	종교	
43	일천 구백년 후(一千九百年後)의 예수	柳瀅基		국문	종교	
44	주일학교 교수 원칙(主日學校敎授原則)	金俊玉		국문	종교	
45	현대과학(現代科學)과 기독교(基督敎)	柳瀅基		국문	종교	
46	기독(基督)과 실제문제(實際問題)	柳瀅基 譯		국문	종교	
47	성경십강(聖經十講)	柳瀅基		국문	종교	
48	기독교(基督敎)의 진수(眞髓)	柳瀅基 譯		국문	종교	
49	성경개론(聖經槪論)	柳瀅基		국문	종교	
50	아동기(兒童期)의 심리(心理)	金鍾萬		국문	심리학	
51	문예독본(文藝讀本) 2권	李允宰		국문	독본	
52	일설(一說) 춘향전(春香傳)	李光洙		국문	소설	

순번	책명	저자	출판사	언어	분야	기타
53	나의 참회(懺悔)	金億 譯		국문	소설	번역
54	세계 문학 걸작집(世界文學傑作集)	吳天錫 譯		국문	소설	번역
55	해부인(海婦人)	李相壽 譯		국문	소설	번역
56	표박(漂泊)의 비탄(悲嘆)	盧春城		국문	소설	
57	이상촌(理想村)	鄭然圭		국문	소설	
58	혼(魂)	鄭然圭		국문	소설	
59	설은 이야기	金碧初 譯		국문	소설	번역
60	단편소설집(短篇小說集)	李光洙		국문	소설	
61	성극(聖劇) 순교자(殉教者)	田榮澤		국문	극	
62	사상산필(沙上散筆)	金億 譯		국문	수필	번역
63	인형(人形)의 가(家)	李相壽 譯		국문	극	번역
64	노령근해(露領近海)	李孝石		국문	소설	
65	송은소논문집(松隱小論文集)	金永羲		국문	미상	
66	혈흔(血痕)	崔鶴松		국문	소설	
67	악마(惡魔)와같이	玄鎮健 譯		국문	소설	번역
68	금반지	廉想涉		국문	소설	
69	민촌(民村)	李箕永		국문	소설	
70	병(病)든 청춘(靑春)	盧春城		국문	소설	
71	영원(永遠)의 무정(無情)	盧春城		국문	수필	
72	영원(永遠)의 몽상(夢相)	盧春城		국문	수필	
73	해성집(海星集)	金達炯		국문	미상	

순번	책명	저자	출판사	언어	분야	기타
74	반항(反抗)	盧春城		국문	소설	
75	무한애(無限愛)의 금상(金像)	盧春城		국문	소설	
76	청춘(靑春)의 광야(曠野)	盧春城		국문	미상	
77	편소미인(片笑美人)	二笑 譯		국문	미상	번역
78	춘원(春怨)	二笑 譯		국문	미상	번역
79	개척자(開拓者)	李光洙		국문	소설	
80	무정(無情)	李光洙		국문	소설	
81	재생(再生)상하	李光洙		국문	소설	
82	마의태자(麻衣太子)	李光洙		국문	소설	
83	해왕성(海王星)	李相協 譯 (하몽)		국문	소설(신소설)	번역
84	이순신(李舜臣)	李光洙		국문	소설	
85	대도전(大盜傳)	尹白南		국문	소설	
86	승방비곡(僧房悲曲) (영화소설)	崔獨鵑		국문	소설	
87	여인(女人)	金東仁		국문	소설	
88	동도(東道) (영화소설)	金永煥		국문	소설	
89	단종애사(端宗哀史)	李光洙		국문	소설	
90	시조유취(時調類聚)	崔南善		국문	시	
91	노산시조집(鷺山時調集)	李殷相		국문	시	
92	국경(國境)의 밤	金東煥		국문	시	
93	안서시집(岸曙詩集)	金億		국문	시	
94	승천(昇天)하는 청춘(靑春)	金億		국문	시	

순번	책명	저자	출판사	언어	분야	기타
95	아름다운 새벽	朱耀翰		국문	시	
96	백팔번뇌(百八煩惱)	崔南善		국문	시	
97	민요시집 금모래	金億		국문	시	
98	진달내꽃	金素月		국문	시	
99	봄의 노래	金億		국문	시	
100	주(主)의 승리(勝利)	張貞心		국문	시	
101	찬송(讚頌)이 약동(躍動)	金成實		국문	시	
102	오뇌(懊惱)의 무도(舞蹈)	金億 譯		국문	시	번역
103	조선시인선집(朝鮮詩人選集)	조선시인 28인집		국문	시	
104	잃어진 眞珠	金億 譯		국문	시	번역
105	조선(朝鮮)의 맥박(脈搏)	梁柱東		국문	시	호화판, 양의 두 종이 있음
106	행정(行程)의 우수(憂愁)	李珍彦		국문	시	
107	빠이른 시집(詩集)	崔相僖 譯		국문	시	번역
108	나의 거문고	金東鳴		국문	시	
109	하이네 시집(詩集)	金時弘 譯		국문	시	번역
110	빠이론 명시집(名詩集)	金時弘 譯		국문	시	번역
111	성웅 이순신(聖雄李舜臣)	李允宰		국문	역사(전기)	
112	조선사화집(朝鮮史話集)	李殷相		국문	역사(사화)	
113	세계명부전(世界名婦傳)	漢城圖書株式會社		국문	역사(전기)	
114	루소	漢城圖書株式會社		국문	역사(전기)	
115	한니발	漢城圖書株式會社		국문	역사(전기)	

순번	책명	저자	출판사	언어	분야	기타
116	성길사한(成吉思汗)	漢城圖書株式會社		국문	역사(전기)	
117	프랭크린	漢城圖書株式會社		국문	역사(전기)	
118	데모쓰테네쓰	漢城圖書株式會社		국문	역사(전기)	
119	크롬웰	漢城圖書株式會社		국문	역사(전기)	
120	가리발지	漢城圖書株式會社		국문	역사(전기)	
121	동명왕실기(東明王實記)	漢城圖書株式會社		국문	역사(전기)	
122	타코-ㄹ	漢城圖書株式會社		국문	역사(전기)	
123	싼딱크	漢城圖書株式會社		국문	역사(전기)	
124	웰손	漢城圖書株式會社		국문	역사(전기)	
125	조선역사담(朝鮮歷史談)	張道斌		국문	역사(사담)	
126	조선위인전(朝鮮偉人傳)	張道斌		국문	역사(전기)	
127	조선영웅전(朝鮮英雄傳)	張道斌		국문	역사(사담)	
128	조선명현록(朝鮮名賢錄)	吳榮根		국문	역사	
129	조선유기략(朝鮮留記略)	權悳奎		국문	역사	
130	갑오동학란(甲午東學亂)과 전봉준(全琫準)	張道斌		국문	역사	
131	임오군란(壬午軍亂)과 갑신정변(甲申政變)	張道斌		국문	역사	
132	대원군(大院君)과 명성황후(明成皇后)	張道斌		국문	역사	
133	동서위인소년시대(東西偉人少年時代)	高裕相		국문	역사(전기)	
134	오천년 조선역사(五千年 朝鮮歷史)	高裕相		국문	역사	
135	조선 오백년사(朝鮮五百年史)	李鍾禎		국문	역사	
136	조선 최근세사(朝鮮最近世史)	李瑄根		국문	역사	

순번	책명	저자	출판사	언어	분야	기타
137	조선역사(朝鮮歷史)	崔南善		국문	역사	
138	시문독본(時文讀本)	崔南善		국문	계몽독본	
139	신문독본(新文讀本)	吳億		국문	계몽독본	
140	처세도(處世道)	姜鎭斗		국문	계몽독본	
141	영원(永遠)의 생명(生命)	金世徽 譯		국문	미상	
142	청년수양신독본(靑年修養新讀本)	廣文社		국문	계몽독본	청녀독본
143	이십세기 청년독본(二十世紀靑年讀本)	太華書館		국문	계몽독본	청년독본
144	현대청년 수양독본(現代靑年 修養讀本)	朴埈均		국문	계몽독본	청년독본
145	정선강의 채근담(精選講義菜根譚)	韓龍雲		국문	계몽	
146	신 여자보감(新女子寶鑑)	金瑗林		국문	계몽독본	여자독본
147	인생자유론(人生自由論)	金在悳		국문	계몽	
148	삼대 수양론(三大修養論)	朴埈均		국문	계몽	
149	이십세기 매도론(二十世紀罵倒論)	宋完植		국문	계몽	
150	수자조선(數字朝鮮)의 연구(硏究) 1, 2, 3집	李如星		국문	기타	
151	일선문상해개정법률(日鮮文詳解改正法律)	姜義永		대역	법률	일본문
152	법률보감(法律寶鑑)	宋完植		국문	법률	
153	조선급국제조약집(朝鮮及國際條約集)	金起田		미상	법률	
154	한글마춤법통일안	朝鮮語學會		국문	조선어	
155	에쓰페란토 단기강좌(短期講座)	金億		국문	에스페란토	
156	무선생 자해 속수국어독본(無先生自解 速修國語讀本)	高丙敎		대역	일본어	학습교재
157	일어자통(日語自通)	玄公廉		대역	일본어	학습교재

176

순번	책명	저자	출판사	언어	분야	기타
158	지나어집성(支那語集成)	宋憲奭		대역	중국어	학습교재
159	일어대해(日語大海)	朴重華		대역	일본어	학습교재
160	일어대학(日語大學)	朴重華		대역	일본어	학습교재
161	정선 일어독학(精選日語獨學)	宋憲奭		대역	일본어	학습교재
162	독습자재 영어연구(獨習自在英語研究)	李奎洪		대역	영어	학습교재
163	무 선생 속수 영어독학(無先生速修英語獨學)	金東光		대역	영어	학습교재
164	속성 영어자습서(速成英語自習書)	吳榮根		대역	영어	학습교재
165	영어대학(英語大學)	以文堂		대역	영어	학습교재
166	속성 독일어자통(速成獨逸語自通)	宋憲奭		대역	독일어	학습교재
167	현대모범서간문(現代模範書簡文)	金億		국문	편지	
168	신체미문 학생서한(新體美文學生書翰)	黃義敦·申瑩澈		국문	편지	
169	한글 철필 자습서(鐵筆自習書)	金克培		국문	조선어	학습교재
170	최신척독대관(最新尺牘大觀)	韓晩容		국문	편지	
171	척독대방(尺牘大方)	池松旭		국문	편지	
172	신정 언문편지투	李柱浣		국문	편지	
173	금옥척독(金玉尺牘)	李松旭		국문	편지	지송욱일 가능성
174	연애서간 낙원(樂園)의 춘(春)	鄭敬晢		국문	편지	
175	일선옥편(日鮮玉篇)	李鍾禎		대역	사전	옥편
176	모범자습신사전(模範自習新辭典)	安藤藤治郎		일본문	사전	양장, 반양장 2종
177	선한문신옥편(鮮漢文新玉篇)	玄公廉		국문	사전	옥편

순번	책명	저자	출판사	언어	분야	기타
178	일선문신옥편(日鮮文新玉篇)	玄公廉		대역	사전	일본어
179	국중 한선문신옥편(國中漢鮮文新玉篇)	玄公廉		대역	사전	중국어
180	백과신사전(百科新辭典)	宋完植		국문	사전	
181	모범선화사전(模範鮮和辭典)	鄭敬德		대역	사전	일본어
182	신 자전(新字典)	崔南善		국문	사전	옥편
183	세계 일류 사상가 논문집(世界一流思想家論文集)	崔演澤		국문	사상	
184	금강예찬(金剛禮讚)	崔南善		국문	기행	
185	백두산 근참기(白頭山覲參記)	崔南善		국문	기행	
186	정말(丁抹)과 정말농민(丁抹農民)	洪秉璇		국문	기행	덴마크
187	표해조선지리(表解朝鮮地理)	朴玄環		국문	지도	
188	조선유람가(朝鮮遊覽歌)	崔南善		국문	기행	기행가사
189	도군부도면정리명칭일람 (道郡府島面町里名稱一覽)	광한서림		한문	기타	
190	만몽(滿蒙)과 열하지(熱河誌)	장지량		미상	미상	
191	만주(滿洲)와 조선인(朝鮮人)	이훈구		국문	기행	양장, 국판 2종
192	정정사판 조선일람	조선지리연구회		기타	관광	
193	최신 조선지도 부 경성시가도	한성도서주식회사		기타	관광	
194	조선이정전도[부] 경성시가도	한성도서주식회사		기타	관광	
195	세계교통지도	한성도서주식회사		기타	관광	
196	농촌협동조합과 조직법	홍병선		국문	농촌	
197	공산대전	세계서림		국문	농업	
198	주산독습카-드	이갑주		국문	상업	

순번	책명	저자	출판사	언어	분야	기타
199	은행이용법	강문유		국문	경제	
200	청낭결(靑囊訣)	남채우		미상	생리위생	
201	폐병치양법	송영근		미상	생리위생	
202	의문보감	주명신		국문	의약	
203	원본 제중신편	김천희		국문 (현토)	의약	
204	교신 중정방약합편	고유상		한문	의약	
205	동서의학요의	도진우		미상	의약	
206	단방신편	정약용		한문	의약	
207	서약활투	신명균		미상	의약	
208	화학기본 선한약물학	행림서원		대역	의약	
209	증정 신의학요감	행림서원		미상	의약	
210	조선요리제법	방신영		국문	요리	
211	유희지침	김신실		미상	미상	
212	원본승경도	한교흥		미상	미상	
213	사주자해 가정보감	현공렴		국문	길흉	
214	현대철봉운동법	서상천		국문	체육	
215	축구위 급 규칙	보문사		미상	체육	
216	유도대의(柔道大義)	조선무도부		미상	체육	
217	피아노 선율법	미리영 윤선덕		미상	음악	
218	유희 창가집	미스뿌라운		미상	음악	창가
219	최신 중등 창가집	이상준		미상	음악	창가

순번	책명	저자	출판사	언어	분야	기타
220	이십세기 청년 여자 창가집	정경휘		국문	음악	창가
221	여류 가곡집	임성숙		미상	음악	
222	안기영 작곡 이집	안기영		미상	음악	
223	현토 삼국지	홍순필		국문현토	소설	
224	선한문 수호지	강의영		국문현토	소설	
225	언문 옥루몽	노익형		국문	소설	
226	수정 삼국지	노익형		국문	소설	
227	무쌍 사주팔자자해법	박승화		국문	길흉	
228	사주복서관상법	고유상		국문	길흉	
229	일견능해 당화주역	최병두		국문	길흉	
230	가정백방길흉보감	김천희		국문	길흉	
231	춘강비결	배상철		국문	길흉	
232	물형관상법	박건회		국문	길흉	
233	한문언해 토정비결	고유상		국문	길흉	
234	열성어진	열성어제		한문	기타	
235	황록차집	이종소		미상	미상	
236	각골난망기	장지량		한문	기타	
237	현토 사례편람	홍순필		국문현토	풍속	
238	사례정선	황의영		국문현토	풍속	
239	천기대요	고유상		국문현토	길흉	
240	현토 육도직해	고유상		국문현토	기타	

순번	책명	저자	출판사	언어	분야	기타
241	경성편람	홍문관		미상	관광	
242	현토 전등신화	홍순필		국문현토	소설	
243	평화와 자유	삼천리사		국문	기타	
244	빛나는 지역	모윤숙		국문	수필	
245	한글 역대선	신명균		국문	독본	
246	송강가사	신명균		국문	시	
247	현대신진 실용서한문	송홍		국문	편지	
248	에쓰페란토 속성	김억		국문	에스페란토	
249	동요 잃어버린 당기	윤석중		국문	음악	동요
250	조선의 안해	양고봉		국문	미상	
251	조선 동요 백곡집	홍난파		국문	음악	동요
252	조선가요곡집(노산시집)	홍난파		국문	음악	가요
253	현제명 작곡집	현제명		국문	음악	
254	입학시험문제총람(별책부록)	명문관		미상	수험서	
255	모범입학시험문제서	이문당 활문사		미상	수험서	
256	재래식 주가 개선의 대하야	박길룡		미상	농촌	

4) 박문서관

순번	책명	저역자	원저자	언어	분야	비고
1	장현 환희	나도향		국문	소설	
2	타락자	현진건		국문	소설	

순번	책명	저역자	원저자	언어	분야	비고
3	첫날밤	현진건		국문	소설	
4	흑방비곡	박종화		국문	시	
5	해파리의 노래	김안서		국문	시	
6	오뇌의 무도	김안서 역	베를레느 등	국문	시	번역
7	애련모사	김기진 역	연애시가	국문	시	번역
8	해왕성	하몽 이상협 역	뜌마 원작	국문	소설	번역
9	정부원	하몽 이상협 역	띠켄스 원작	국문	소설	번역
10	부평초	민태원	불 마로오 원작	국문	소설	번역
11	여장부	유광열 번안		국문	소설	번안
12	하믈레트	현철 역	섹스피어	국문	극	번역
13	베니스 상인	이보수 역	섹스피어	국문	소설	번역
14	사로메	양재명 역	오스카 와일드 원작	국문	소설	번역
15	체홉 단편집	권제상 역	체홉	국문	소설	번역
16	나나	홍난파	에밀졸라	국문	소설	번역
17	인육장사	이상수 역술	엘리사벳	국문	소설	번역
18	애사	홍난파	유-고 원작	국문	소설	번역
19	그전날밤	조명희	트르게네프	국문	소설	번역
20	동백꽃	나빈 역	뜌마 원작	국문	소설	번역
21	여자의 한평생	김기진	모파상 원작	국문	소설	번역
22	미인의 한	유광렬		국문	소설	
23	농중미인	정녹운		국문	소설	탐정소설

순번	책명	저역자	원저자	언어	분야	비고
24	붉은실	김동성	코난도일 원작	국문	소설	번역
25	사람은 무엇으로 사느냐	나빈	톨스토이	국문	수필	번역
26	봄물결	최승일	트르게네프	국문	소설	번역
27	무궁화	이상협 번안		국문	소설	번안
28	춘향전	조윤제 교주		국문	소설	문고
29	하멜 표류기	이병도 역주		국문	소설	문고
30	동인 단편선	김동인		국문	소설	문고
31	석중동요선집	윤석중		국문	동요	문고
32	귀의성	이인직		국문	소설(신소설)	문고
33	삼국사기	이병도 교주		국문	역사	문고
34	고려사절요	이병도 교주		국문	역사	문고
35	두시언해	이희승 교주		국문	고전	문고
36	한중록	이병기 교주		국문	고전	문고
37	역대시 조선	이병기 편		국문	시	문고
38	구전 민요선	손진태 편		국문	민요	문고
39	시체 언문간독			국문	편지	
40	최신 언문척독			국문	편지	
41	신식 가정간독			국문	편지	
42	가정언문 현행척독			국문	편지	
43	현행무쌍 가정척독			국문	편지	
44	최신 자습척독			국문	편지	

순번	책명	저역자	원저자	언어	분야	비고
45	최신 부음척독			국문	편지	
46	시행 미문척독			국문	편지	
47	여행 회중척독			국문	편지	
48	자습독해 일선척독			대역	편지	
49	연애서간 진주의 품			국문	편지	
50	연애 서간문			국문	편지	
51	가정왕복			국문	편지	
52	최신 척독대해			국문	편지	
53	신식 척독대방			국문	편지	
54	신식 비문척독			국문	편지	
55	증보 척독완편			국문	편지	
56	신식 초간독			국문	편지	
57	최신 반초간독			국문	편지	
58	신편척독			국문	편지	
59	신편척독			국문	편지	
60	이용척독			국문	편지	
61	신체미문 학생서한			국문	편지	
62	증보일선 대간독			대역	편지	
63	현토구해 척독합벽			국문	편지	
64	신식미문 금옥척독			국문	편지	
65	현토부음 신식척독			국문	편지	

순번	책명	저역자	원저자	언어	분야	비고
66	한선신옥편[부]음고			한문·국문	사전	
67	한선회중 신옥편			한문·국문	사전	
68	한화선문 신옥편			대역(일문)	사전	
69	한화선문 신자전			대역(일문)	사전	
70	일선화영 신자전			대역 (한일영)	사전	
71	양장한화선문 신옥편			대역(일문)	사전	
72	모범 선화사전			한문·국문	사전	
73	신자전	최남선		한문·국문	사전	
74	선영사전	김동성		영어	사전	
75	자전석요	최남선		한문·국문	사전	
76	조선어사전	문세영		국문	사전	
77	6년제 우량대전과			일본문	학습교재	
78	4년제 우량대전과			일본문	학습교재	
79	자습용 국어와 살술·조선어(國語と算術·朝鮮語)			일본문	학습교재	
80	국어독본자습서 권3-8			국문	학습교재	
81	국어독본자습서 권9-12			국문	학습교재	
82	국어독본자습서 4년제 3~4년			국문	학습교재	
83	지리 학습서 권1~2			국문	학습교재	
84	국사 학습서 권1~2			국문	학습교재	
85	소화15년 중등학교 입학시험문제집			일본문	학습교재	
86	생활산술			일본문	학습교재	

순번	책명	저역자	원저자	언어	분야	비고
87	합격단어집			일본문	학습교재	

5) 순문당

순번	책명	저자	언어	분야	비고
1	붉은실	김동성	국문	소설	탐정소설
2	미인의 한	유광렬	국문	소설	탐정소설
3	여자의 한 평생	김기진	국문	소설	문예소설
4	계약 서식 대전	이원생	국문	법률	법률문답
5	봄물결	최승일	국문	소설	문예소설
6	첫사랑	홍난파	국문	소설	문예소설
7	그 전날 밤	조명희	국문	소설	문예소설
8	농중미인	정녹운	국문	소설	탐정소설
9	시문독본	최남선	국문	독본	계몽
10	농촌의 정말(丁抹)	방태영	국문	농촌	계몽
11	속수 영어자통	송헌석	영어	어학교재	영어
12	실용 영어 문법	윤치호	영어	어학교재	영어
13	영어첩경	양주삼	영어	어학교재	영어
14	속수 영어 대성	이원규	영어	어학교재	영어
15	무사속성 만주어자통	문세영	중국어	어학교재	중국어
16	토정비결		국문	길흉	
17	사주길흉자해법		국문	길흉	

순번	책명	저자	언어	분야	비고
18	가정비결		국문	길흉	
19	척독합벽		국문	편지	
20	신식척독		국문	편지	
21	모범선화사전		대역	사전	일본문
22	신교방약합편		국문	의약	
23	변붕방약합편		국문	의약	
24	한선문신옥편		한문	사전	
25	한선문회중옥편		한문	사전	
26	한일선신옥편		대역	사전	
27	현토 구운몽		국문현토	소설	
28	현토 서상기		국문현토	소설	
29	현토 삼국지		국문현토	소설